Espuma rota
(Antología personal)

Piedra de la Locura

Colección

Collection

Stone of Madness

María Palitachi

Espuma rota

(Antología personal)

Nueva York Poetry Press LLC
128 Madison Avenue, Oficina 2NR
New York, NY 10016, USA
Teléfono: +1(929)354-7778
nuevayork.poetrypress@gmail.com
www.nuevayorkpoetrypress.com

Espuma rota
(Antología personal)
© 2021 María Palitachi

ISBN-13: 978-1-950474-92-9

© Colección Piedra de la locura vol. 11
Antologías personales
(Homenaje a Alejandra Pizarnik)

© Contraportada:
Luis Alberto Ambroggio, Diana Irene Banco
Luisa A. Vicioso Sánchez, Eduardo Gautreau de Windt
Francisco Ramírez, Bruno Rosario Candelier

© Concepto de colección y edición:
Marisa Russo

© Edición:
Francisco Trejo

© Diagramación:
Moctezuma Rodríguez

© Diseño de colección y cubierta:
William Velásquez Vásquez

© Pintura de portada:
Jaime Vásquez

© Fotografías de interiores:
Archivo general de la autora

Palitachi, María
Espuma rota (Antología personal) / María Palitachi; 1a edi-- New York: Nueva York Poetry Press, 2020. 286 pp. 6"x 9".

1. Poesía dominicana 2. Literatura latinoamericana.

Todos los derechos reservados. Esta publicación no puede ser reproducida, ni en todo ni en parte, ni registrada en o transmitida por, un sistema de recuperación de información, en electroóptico, por fotocopia, o cualquier otro, sin el permiso previo por escrito de la editorial, excepto en casos de citación breve en reseñas críticas y otros usos no comerciales permitidos por la ley de derechos de autor. Para solicitar permiso, contacte a la editora.

Entre voces y espacios
(2012)

1

Voy a poblar
las caricias de un poema
para disminuir mi soledad.

2

Escribo para evadir
mi propia muerte
cuando nada me sabe a ti.

8

Me entretengo
dormida
en el olvido
y ahí también
despierto.

15

Las memorias que me cantan
se adormecen en la nada
y se arrojan al vacío.

25

El destino
desentierra el tiempo
como golpes de bestias
que aún pesan en mi.

30

Los sentimientos se borran
alojados entre el silencio de un llanto
que me desgarra en el intento de tu llegada.

31

Te invito a cubrir los huecos
con viejos andares
del ayer que ya no es hoy.

46

Desvanecida en el tiempo
busco la huella
del regreso
ya borrado.

62

El verme en tus ojos
me enseña un ser diluido
pero no desconocido.

De cuerpos y ciudades
(2014)

> Dos cuerpos frente a frente
> son a veces dos olas.
>
> OCTAVIO PAZ

HUELLAS

Estas huellas
como el viento agitan lo perdido...
persiguen mi sombra

En vano regreso a buscarlas:
 desmembradas se fueron con el eco del mundo
 al ritmo de "New York, New York"

Hojas derramadas, boñigas de pichón
desatan su dueño a gotas

Mientras
el Hudson se bebe mi surco, mi recuerdo,
salpicando el tránsito de la memoria:
"Blowing in the Wind" tararea Bob Dylan.

A VECES

> Yo no fui destinado a la realidad y la vida quiso venir a verme.
>
> Fernando Pessoa

Solamente
la guitarra de Hendrix
y el vicio de leer
detienen mis lágrimas

Llega el martes, otro martes
y caigo al vacío
mientras soy habitada por otra:
la poeta de noche alumbrada,
desnuda ante su rima,
ante la prosa de un verso

Ante la voz de su nombre
aparezco yo.

AL OTRO LADO DEL ESPEJO

Despierto al otro lado del espejo:
silencios cubren sus puertas

Despierto en el patio de tu lengua
mi soledad supera
la ficción con velos en la boca
y pintadas máscaras

Despierto en otro lado:
soy espejo de tu espejo, todo verbo
que andas buscando

Despierto, pero sé que ante el cristal
sigo dormida.

ENGAÑO INNECESARIO

Por consigna
un ave en Malasia es bombardeada
mientras a Palestina le corren
los escombros masticados por buitres

Los aniquilados en tajas se reciclan en lluvia de misiles

Para qué mandar por el curandero de la ONU,
OTAN y el Cuerpo de Paz
si ya no hay herejes

Para qué ir en busca de escombros
si ya los buitres terminaron su festival

Duele Palestina la franja de Gaza
y qué asco da Israel
escondido en las faldas del holocausto;
cae la madre, cae el niño, lucha el padre
mientras gime la tierra

En una bandeja se encontró un brazo tatuado
Señores, esto no es un cronopio de Cortázar.

PUERTA DEL CIELO

> A Ramón Pumarol, amigo de la infancia
> (Last Dance)

Cuando muera
resurgiré entre recuerdos
África huérfana
frente al dolor de la India y de Haití

Me mudaré lejos de la sombra
iré hasta donde la lluvia se cuela
ataúd rebosante de lágrimas

Cuando muera
me picarán las hormigas
como al niño descalzo sobre la grama
y los gusanos saborearán mi desnuda piel

Cuando muera
dirán que murió un bardo
que desandaba el mundo
buscando versos

Aunque duela morir
aunque duela,
¡qué paz tan extraña
aborda mis penas!

NOCHE DE SEPTIEMBRE

> Abren mis ojos para quemarme con tus luces.
> KARINA RIEKE

*En "This Land is your land,
this land is my land"*
el follaje calcinado,
en pánico,
las estrellas se apagan,
misas sin cuerpos

Noche de septiembre
miles dejaron vidas;
los espejos...quebrados
aún gimen

Noche de septiembre,
tu patio de *hotdogs,
burgers* y *fast food*
hoy nos llueve la misma ceniza,
el mismo dolor.

VENTANAS DE SILENCIO

Ventanas del silencio, otra ciudad
cuando la muerte...

Naces de modo lento
¿De dónde vienes
a desnudar la vida
sin preguntar por mi llanto?

¿Cómo vendrás,
cómo será el vestido que te cubra?
¿Acaso podrás sonreír?

Cuerpos erotizados
tras la ventana del silencio
los desaparecidos
estarán en el portal del infinito
donde el aroma es el enigma de las rosas.

CALLAR ES COMPLICIDAD

¿Y si nombro? tus huellas

Mejor no los nombro:
Buchonas amantes de los narcos:
maldita guerra que parte a los testigos de renuncias
Perú, Chile, Montevideo, Haití, Irak, México

No nombrare 1970, año cabalístico
callejones con azoteas
en el mundo de los cables y asesinatos vía circuitos

Los hackers lobos solitarios
niños genios con dispositivos móviles
y sus redes sociales
primavera Árabe...

¡No! mejor ni nombrar el neoliberalismo
convertido en el averno de traba social
organizaciones mundiales, ministerios agrícolas,
de cultura, de salud, zona franca,

Emprendedores de sectas dañinas
tragando lo básico del pueblo

(ni los palos aguantan)

Al Gore con tapas en la boca:
el agua se nos acaba
el océano cada vez es más acido
la tierra castigada: Tsunamis, tormentas tropicales
incendios y desperdicios humanos
¿Será que mutilar es parte
del plan climático?
Uhm…

En el oriente
potencia coronista
capital financiera del capitalismo
Miembro de la ONU sin alinear fronteras,
ese compra aliados
contra el pueblo Kurdu y Palestino
mejor ni te nombro

Repudio el bloqueo a Palestina, Cuba, Irán
etcétera, etcétera
mejor nombrar los fideos
Philips Morris, Oscar López, Mandela
y el cineasta Oliver Stone
ellos se revelaron

Los dedos solo se mueven para apuntar
a los rompe-banderas del proceso
puerta cerradas, corrupción, ignorancia y odio
nos auto-acaba

Mejor ni te nombro el conuco
rebosado de injusticias, mosquitos armados
mientras los embelesados chupan Coca-Cola
mastican Quiznos, Burger King y KFC

Los mercenarios del libre comercio
los desfalcos sangrientos y los malditos emprendedores
cargando el wiki y wifi en el trasero
borrachos de millonarias con diarrea de francos
ellos grafiteros de marcas no tocables

La memorias de la guerra
nombra que me he suicidado 100 mil veces

Uhm…
callar la diferencia es complicidad.

TESTIGOS

El mar
las olas
el viento

Secuestraste mi alma
mi existencia
ataste el aliento
a cada suspiro

Nadie más
conoce el secreto:
pensé que el amor
era la entrega
(no pensé lo que pensé)
imaginé, soñé,
servirte, halagarte,
darte placeres, hacer de tu pasado
mi presente
con una sola visión
verte feliz
hasta que descubrí a *Juan*
en el piano bar.

NÉMESIS EN HARLEM

Harlem,
crónica lejana
donde las trompetas de jazz
silenciaron a los melómanos

Harlem, filme de mafias yanquis,
florecimiento afroamericano
prisionero del sistema:
tu fotografía cayó de la vendimia,
la tormenta, aún desconocida,
asentó otra leyenda
donde ochenta años te reclaman
la nostalgia que aún retumba
en los silencios,
mientras Lou Reed, nutrido de heroína
en el *Velvet Underground*,
"Waiting for the man"
caminaba descalzo por el *"wild side"*
(sus pies quemados
parecen serpentinas sin baile)

Efímero Harlem,
desahuciaron tu historia
con pasatiempos de hombre blanco
en los decenios del héroe,
amigo del pueblo,
Camelot del sueño latinoamericano,
ilusión envejecida como el rey Arturo

Contemplo tu falla
en la ruta uno, dos, cinco
donde te resguardas
mientras tus arterias se debilitan
por el dolor derramado
a través de las venas
en una historia moribunda
donde te lamieron los *megabusinesses*
te estrangularon los sueños
enmudecidos por el atropello del tiempo
antes del centenario

Oh, Harlem,
almidonando acordeones y trompetas
te han inventado a otro eterno,
secando la cuenca del Misisipi

Te acompañan los feligreses
vestidos de góspel,
donde los recorridos elípticos
anhelan las piezas de hojalata
para la colección doméstica

Tu piel tostada, más que todas
las tabernas se convirtieron en bares
sin que te hayas percatado;
tus estallidos silenciosos
sólo mueven copas

En el Apolo, el espectáculo
de aficionados
los miércoles por la noche,
y la "Casita Azul"
del Museo del Barrio
están en trance

¿Cicatrizarás con el desamor de la orfandad
con el sabor a cucaracha destrozada
y el mapa del dolor en tus espaldas
o con el eco permanente de las heridas
preñadas en tu rostro?

Oh, Harlem, Harlem,
si pudiera tocarle la piel al aire
y quitarle los mil *good-byes* al saxofón. . .

Hoy te veo de paso, de tránsito,
descalza, sin burbujas

Y sin embargo, no te reconozco...

NUEVA YORK

Vestida de reflejos y cautiva
(matices, sonidos, rascacielos...)
así te desando

Nueva York, Nueva York
en mis venas funde tu selva
(y el meollo) de culturas
puertas sin paredes
acarrean mis pensamientos
paredes tatuadas
señales que no entiendo,
tonos y símbolos extranjeros
disfrazados de quehacer

Nueva York, el vaivén agitado
que interrumpe el silencio
cuerda de acero
vuela del nido con alas de hambre

Washington Heights
enanos frente a Hiroshima
pueblo hispanoparlante
cultura de acumulación
metrópoli
y precipicio de dudas

lágrimas que huelen a utopía
dolor sin pañuelo, heridas de hambre
llagas en las avenidas,
el corazón de la isla
mientras varios senderos sangran

Norte,
destino forzado, deseos insaciables
aunque regresemos, estamos anidados
a un rincón de Nueva York

En la oscuridad llena de
voces sin nombres
ruidos sin rostros
correr en una melodía acelerada
todo por volver a despertar
mecida en ella

Instantes eternos
renacen en murmullos

Sólo tú, Nueva York,
tú Nueva York.

BODEGUERO

> En "Summer Days", Bob Dylan canta: "Por supuesto
> puedes revivir el pasado"; mientras que en "Misisipi"
> canta: "No puedes regresar del todo".

El bodeguero se sueña ansioso
al trenzar el viejo puente
con su ausencia

Patrocina el deseo para no olvidar
la pequeña pulpería y su regreso

Confuso piensa en su vivir
desde la memoria de un ventorrillo

Repite: — No *English, Uncle Sam*, no comprendo

Ayer durmió
cobijado por el fruto del mango.
Hoy descansa en una La-Z-Boy
mientras relata hazañas inventadas

Fortuna de sudor y de mentiras,
hijos mezcla de criollo y extranjero,
nietos que no parlan *Spanish*;
atisbando hacia adentro
sólo quiere alejarse hasta otro sueño

Zapatos resbalosos que lamen los pisos
(bailando música urbana)
los desgranan chiripa a chiripa

La madama llena de corotos
codicia la fuente eterna,
los faciales no dan,
anhelando borrar la tez de ciruela
forever young;
liposucción a deshoras
no quieres que el busto le llegue al ombligo
mientras te fermentas en Viagra

Tu postura descose la cultura milenaria,
regresas pasteurizado
a pagar promesas a lo gourmet,
en viveros lo derramas casi todo,
al guineo le dices *banana*,
sin olvidar tu parcela
revives los viajes en motoconcho

Sufre de escasez cultural
por la premura de llenar la olla;
no reposa en el idioma, en los museos
y menos en Broadway

Bodeguero,
autorretrato del pueblo emigrante,
ya no compra en pulperías
sino que viaja a PriceSmart en una jeepeta

Sus reservas aumentan como el Hudson,
colándose de incógnito
se ha convertido en la astilla del mundo

Transporta historias facturadas
de Dominican Heights;
mordiendo papeletas en las pupilas
el bodeguero y su fantasma
disfraza la felicidad
imitando el eco de un recuerdo
en Bananolandia.

COLMADERO II

El colmadero sin naufragar en palmas
descendió de Pan Am a la quimera gringa
encerrado en el baño del avión

Partiendo del bohío de zinc y palos
se enmarida con una boricua
por papeles y miedo de cancelar el *alimony*

Lo asalta una canción:
"Caminante no hay camino. . ."

Hijos híbridos
no promueven el conuco. . .
Él va leyendo los matatiempos del puerto
mientras le vende a Hell's Kitchen
papas y *sweet potatoes*

Pasando factura se piensa en alto
trayectoria de un espejo:
del humilde bohío a Cibao Shipping
con plasmas, microondas y wifi

Invadido de penas
regresa para enjaularse
mientras el ladrón reina afuera

(El colmadero chichigüero al bailar
se zambulle en la memoria
donde no sueña ser uno más)

Termina deletreando su pasado
con el diario de compras y ventas
(Junior, el nieto, lo patentiza)
Colmadero for Dummies.

MONÓLOGO

La tierra está revuelta,
anoche nos robaron el jardín,
el romero, el azafrán,
queda el olor a humo

Bombas y cohetes,
vuelos suspendidos,
cuerpos putrefactos;
las banderas del *Brooklyn Bridge* teñidas,
el *Empire State*:
en Gaza muere un chaval por hora
¿Cuál es el mensaje?
No tengo ni puta idea

La tierra se traga cada latido,
cada dolor,
cada esperanza.

FEISBUKEANDO

> A los cinco mil que me dejaron…

El mercado del pueblo
carece de olores,
ciudad sin fronteras,
sin visas,
como etnia del mundo
posees tu propio dialecto

Eres la *passion fruit* de la noche
pueblo sin fronteras
en ti aparecen los desaparecidos
los buscados y hasta los no codiciados,
origen de casamientos y machetazos;
el vecino Twitter constantemente te reta
pero carece de tus paisajes y de un *fan page*

Vampiro del tiempo
donde visitantes quedan rumiando
anestesiados, conquistados por un *like*
en delirio se queman los quehaceres

A veces los líderes
se piensan Eros o Dulcinea
desafiando la etnia de Cervantes
se apoderan de Darío mientras otros en vela
cosechan ventanas ajenas

Tu patio conectado a YouTube,
por la ventana del lago políticos en espera
piden donaciones, niños perdidos
men and women viven del eco "me gusta"

¡Pueblo!
Facemash, Social Network
eres una selva sin mosquitos.

Las horas de aquel paisaje
(2016)

EL ESCAPE

En el vino y el alfabeto de las noches
Un beso tinto sostiene la distancia
No corras para alcanzarme,
avanzo detrás de ti,
camina hasta que anochezca,
camina lento,
en silencio
y enlaza los dedos entre las estrellas del camino
Estoy más cerca de lo que imaginas,
escucha el violín,
                el arpa
                    respira las rosas,
                    lame las uchuvas
palpa la guitarra

En los sueños que sueñan
con el puente de tus piernas
y deja que el rocío de la noche
se desborde.

Un viejo sendero

I

El bullicio me despierta en un lugar extraño
tropiezo con piedras,
                    caigo
intento pararme, llamar a alguien,
                    estoy sola
llena de nombres olvidados

II

La guerra crece
calcinan ovarios sin amor trasnochado en sombras
cargan todo lo que crean

III

Cuando regresé de mi último entierro
noté que nunca partieron de mi tumba
ni de sus pensamientos, ni de sus noches solitarias
Debajo de esta tierra seca
de estos nuevos muertos
hay cuerpos agonizantes
que la muerte no debió quedárselos

Quiero volver a acompañar mi última tumba
La tierra husmea como el Vesubio

anda un animal suelto

en un mundo que se escapa

IV

(Hay que) volver a la antigua tumba,
embarazar la paz
               cuidarla

Visité sin saber

el último cuerpo que fui

¿de qué sirve volver?

¿de qué sirve morir tantas muertes?

si nunca podrán tener mis ojos.

AYER PASÉ POR TI

Iba por la ruta equivocada.
Paré por un café de Santo Domingo,
y corrí al balcón de sal para tomar, también, una Presidente.
Al volver al auto ajusté el espejo retrovisor
Me di cuenta entonces que estabas dentro de mí.

NATURALEZA

El lago que se ve
más allá
del otro lago
no fluye
como río, tampoco
como mar,
fluye como yo
frente a este lago
que se ve
más allá
de otro lago.

APRÊS WHITMAN

Pelamos manzanas en una esquina
degollamos fantasmas en otra
Seco lágrimas del río

La luna seduce
no hacen falta las hostias
Hojas verdes
escalofríos en San Bernardino
almas fracturadas penetran la esfinge
un día que ya no es una carcajada

La vida sorprendida como Ícaro
Gaza triturada Palestina silenciada
Al borde de la locura
madres jóvenes desangran sus ojos
mientras el diluvio de buitres
posa las golondrinas
termina el banquete sin Platón
y he de gritar mis ojos que dejen de vigilar el camino.

ADENTRO SOMOS

En el garabato de cada ombligo
        nace una luz exótica
        transita por el río
que adentro somos.

DENTRO DE TI

> Cuando estoy despierto, te extraño.
> Cuando duermo sueño que haces falta.
> SANDOKA

I

Tal vez mañana no abrirás el *mail*,
no responderás mis llamadas,
no oleré tu perfume
tal vez tu esencia muera
                 en las sábanas

II

Tal vez
convierta en cenizas tu ropa,
el sostén rojo que cobijaba mis senos,
el que arrebatabas en cada encuentro

Quizás,
esta mujer,
ahogada
       despierte
en otro puerto, quizás
no niegue las estrellas

III

Dejo esta popa
de cenizas
rodar sin tu aliento
La noche pasa,
comienza el nuevo día
Y si llegas a despertar recuerda
que estoy más dentro de ti,
que tú de ti mismo.

El pasado ronda
no se quiere ir de la cocina
del baño las habitaciones y las paredes

La cascada del manantial
las lunas y el sol negro
la noche duele sin ti

Verte sobre una estrella
basta para respirar

La antesala
tu baile tus huellas

donde se aclaró el camino.

EL POSTRE

I

Desvestida de tu piel
duermo hambrienta
El vecino toca, palpa,
huele el postre colado por la ventana

II

Quiero lloviznar
Latidos pensantes arropan el pecho,
cruje el dulce
éxtasis del deseo

III

Paladeo
tus latidos, estos
latidos
pese a la distancia

IV

El delirio
los deseos, las flores celestes,
la casa.

Para cubrir sus cicatrices

A Chiqui Vicioso

¿Para quién viste una mujer? ¿Para quién viste una mujer que no niega su feminidad? Viste su cara de cualquier alegría y cualquier tristeza. Compra zapatos a rédito. La vecina le presta un collar, le regala un espejo. A veces su estatura cambia, como cuando ella cambia de ropa. No puede cubrirse con una nube por el dolor, se declara disecada de él.
Una mujer se viste con el frío de su intimidad para cubrir sus cicatrices, por la nostalgia de sus caderas y para no quedarse en la cocina,
la cama o en la vitrina de un balcón. Se viste cuando el viento la atrapa como a Rosa Park. Dentro de la niña que no pudo vivir en ella, los ojos cerrados y las puertas abiertas de su patio interior.
¿Para quién se desviste esa mujer? Se desviste por aquellos encuentros marchitos, por el tiempo donde se enseñó a nombrarlos y donde ya nada cabe en la premura de un ombligo.
Esa mujer se desviste por la igualdad, por el semen todavía seco en su cintura.

MUJER D

La divorciada es una mujer liberada que por H o por R decidió controlar su tiempo sin murallas ni fronteras; sin un callejón a la espera de una carta aún no escrita. Los portones caen como las noches. En secreto se desvía hacia el río. Al asecho de su comportamiento, se desve- lan un pelícano, un loro y una gaviota. Liberada —y dueña de su alcoba—, desde ayer se invita a cenar en un bar. La mujer D tira al mar las pantuflas que dejó el ex debajo de la cama, con esto se quita la parálisis y el tono de voz baja; ahora busca la igualdad donde sus palabras no se nieguen ni se malinterpreten; quemando la coti- dianidad, busca la razón de su ser. Hoy y mañana apre- cia su libertad, lucha por las que no están conformes en la trinchera del amor. Mientras se ajusta las gafas y cruza la acera, huele a fragancia fresca... Té, manicure (en medio de la lucha no le cae mal), hoy vive desmemoria da y no le importa nada. Ella recuerda que el vértigo es un mito, una leyenda.

SUS SUEÑOS, NUESTROS SUEÑOS

A las Lucrecias de Shakespeare

1

Una mujer no necesita vestirse ni desvestirse para padecer de los dolores y llantos que carga: grita en silencio los malestares de su entorno. Cada uno de sus pasos es una huella que acuna la cosecha de la historia. Aunque sea mordida por la rabia del camino hecho de esfinges, su andar no divaga entre ellas ha- ciendo su propia ruta. Transita hasta con los ojos cerrados.

2

Ella es un poema ecléctico al vapor de Gardel de Neruda de Vallejo y el verbo dariano, sin dejar de ser una Julia una Marie Curie una Rosa Luxemburgo, una Maga de Cortázar. Ella es la que tantos no saben leer...

3

La otra mujer es ella misma sin temer a la necesidad de cambiar la olla por una sartén eléctrica para sentirse moderna. La otra mujer tampoco necesita continuar estirándose el pelo o ponerse gel para rizarlo a la moda.

4

En un viejo baúl sella los ojos de la sociedad que rechaza sus líneas de aprendizaje por los caminos abiertos. Ella no debe beber los sinsabores del círculo en *Whisky Sour* cuando se embaraza y se entierra viva con un: «hasta que la muerte nos separe».

5

Ella no necesita jurar por lo incierto del ejercicio social ni por la mentira de ninguna cruz. Treinta años atrás despertaba a las cinco de la mañana, peinaba a sus hijos y prendía la leña para el café del marido.
En los hallazgos de sus sentimientos y lealtades le secuestraron su tiempo, la libertad en una ciudad con el mismo apellido que las demás. Al sol de hoy ella asume su mea culpa sin plusvalía de los fenómenos sociales.

6

Las voces están sordas. Las lagunas crecen, contaminan su belleza mientras en deuda con ella misma mora su búsqueda como la bola negra en una mesa de billar.

7

Su ella invisible vomita lágrimas por los órganos apagados del rechazo (a destiempo). A veces (sin querer) la convierten en la reina del caos.

8

Yace un ovario fallido. Descuida los senderos de sus órganos y el creer la hace tener hijos de nadie. Sin fin de cuentas carga en la conciencia a las dos de la mañana la hija que no llega en el viento gélido de media noche.

9

Una mujer se duele a sí misma en el silencio del rechazo.

10

Otras voces la aíslan, la entierran; y aun así: no le pueden diluir sus sueños.

SOLO ENTRE TANTOS

> Alguien entra en la muerte con los ojos abiertos.
> ALEJANDRA PIZARNIK

Cansado de estar acostado
de que le crezcan las uñas y la barba

Estás cansado de tener los huesos desnudos
de no ver la primavera en los árboles
de los poemas que viajan sin escribirse
de no ser habitado por caricias

De estar solo entre tantos
que no reconoces o recuerdas

Cansado de mis muertes y el calendario
de que la historia me siga sacudiendo

Cansado de no ver quién entra por las calles
quién no compra pan y vino
de no despedir las noches y de gritar
que aún no vivo dentro de ti

Esta mañana saquearon mi tumba
y desperté muerto
de esta muerte y quién sabe
de cuántas más...

Infraganti
(2016)

Los amantes no se encuentran finalmente en algún lugar,
están dentro el uno del otro

MUHAMMAD RUMÍ

Al sur de mi garganta se me ha perdido un hombre

CARILDAD OLIVER L.

Perderme para vos así como vos estas perdido para mí

GIOCONDA BELLI

A Jaime Vázquez

(I)

Qué hora será en Venus cuando acaricies mi pelo
el gato maúlle al borracho lo echen del bar
el vecino encienda la luz y la soledad de mis huesos
parta sin ti
sin la mirada que dejas en la emboscada de mi Olimpo
cada noche que vivo tus pantalones vestida de amor Udrí
en el insomnio desgarrador

Qué hora será en Venus cuando hierva la flor de jamaica
las campanas bailen en el vaticano
las luces Mayas escondan el vino tinto
los poetas borren Troya
Y tú rasgando cráteres para rescatar a Helena

Hace siglos que Venus no duerme
que el Aqueronte se tragó tus besos
y el polvo de mis huesos sin ti

(XII)

Siempre he preguntado
¿A qué sabe tu sexo?
ya no tengo que hacer esa pregunta
anoche…
a mil quinientos kilómetros de distancia
a ojos cerrados lo supe

Hoy tengo tu lengua
recorriendo mis entrañas
queriendo ser la guitarra
que hile tus fantasías

(XXXII)

Aquí estoy perdida en la mitad de Roma
colada sin uno de tus besos clandestinos
para romper la monotonía

Hay una fiesta esparcida en la distancia
aunque nadie baile o escuche su melodía
aparezco cada vez que me piensas
en la esponja de amantes platónicos
donde ayer extrañé no extrañarte

Del espejo tu nombre y el mío cuelgan
detrás de cada estrella tu mirada envuelve
las esferas se aceleran donde nos negamos
solo para ser

Cuando se rinda el día de hoy
iré por ti
desde la otra mitad de Roma

Bitácora del insomnio
(2018)

NÚCLEO

Mi hijo es una ciudad creciente
mi madre vertiente infinita

cada día el padre rellena
los agujeros vacíos del bohío
mientras el retrato de mi abuela
de la mano del abuelo
avecina otra partida

mi hijo es una ciudad
que mi padre no vio crecer

mi madre es el santuario de las mariposas
se desliza con el retrato de su madre
de mano con el padre

yo de noche tomo guaro
y al amanecer
duermo en el convento de Sor Juana
por donde pasan otras ciudades.

TUERCAS SIN PAPÁ

I

Siempre anhelé unos patines para deslizarme por toda la calzada a la velocidad de una paloma. Al año llegaron en una caja de cartón. No pensé que traerían instrucciones para armarlos. Debí pedirle a papá que comprara los que toqué en la tienda. Esos estaban listos.

II

Él dijo que si los quería montar debía aprender a leer como se arman primero. Aprendí casi sola.

III

Todos los días acariciaba las ruedas contra la calzada mientras repetía sílabas, palabras y luego oraciones. Ocupé el mismo tiempo
que le toma a dos dientes de leche salir. Al final perdí un par de tuercas y otro diente.

IV

Hoy los venden listos con ruedas de goma. Por miedo a perder los nuevos dientes no son el deseo. Papá fue un hombre de enseñanzas nos protegió de muchas granjas humanas.

V

Hace décadas que las guerras calcinan familias y pueblos.
No sé de cuál caja salieron esas instrucciones.
Los que aprietan botones no han aprendido a leer y seguro que a cada uno de ellos les falta un par de tuercas.

LA BICI Y YO

I

Amanecí con la bici en la testa su luz desbarata el estallido de la memoria. Ella y yo éramos una.

Por las calles de casa la monté mientras el vecino regaba las flores del jardín y el coquero sacaba del brazo su machete.

Mi bici y yo éramos una yo con el equilibrio y ella avanzando por mis piernas. Por medio de una nube la distancia pierde forma la llovizna va borrando sus ruedas. Mi bici y yo de luto estamos. Hoy sus gomas flotan en el Hudson.

II

Un hojalatero se adueñó de sus restos. Quedé yo con el timbre del timón para recordar. El timbre es más que amuleto.
Es mi celular para llamar a quien lo escuche a media noche.

III

Empuño esta memoria desde una mecedora dorada que ya no existe Pedaleo hacia el cementerio de paso por la funeraria.

IV

Hay veces en que me hago falta.

DE FRENTE

Una nube rasga la tarde me mira de frente
se impone
camina el aire
y se arrastra al bar
de las ironías

mientras la copa vacía
inunda los recuerdos

en medio de la incertidumbre
sacas una *selfie*
la posteas con la mirada
del moderno Prometeo
piensas en el suicidio de Alfonsina
en la quinta sinfonía

de nuevo miras la nube
llena de matices
y antes de que se desvanezca
la acompañas al *photoshop*.

BROKEN

> A todas las mujeres que sufrieron sin poder.

Yo nací a cara mala y rota.
Un padrastro me golpeaba.
El vecino me violaba mientras su mujer vendía café en la
                esquina donde mi padrastro se la jugó.

Yo nací a cara mala y rota.
Mi madre decía que la ruta de ser mujer era otra cosa,
que existen mujeres despiertas con los ojos cerrados
                          en la misma miseria.

No nací para que me exploten.
Pero una noche cualquiera,
me droga sentir el recuerdo del vecino
y rechazo cualquier deseo.

Nací enroscada del golpe,
de otra muerte,
en esta máscara del padrastro y del vecino.

Yo nací con los ojos agrietados
de mutar cada golpe
como la semilla del café tostado.
Una noche cualquiera,
naceré de nuevo,
sin ser mutilada
por un cara mala.

Espuma rota (Antología personal)

En otro continente

Dejad que la música toque.
Las magas quieren soñar en las pampas y vivir en París.
No desean regresar a la selva.
ni que el pincel de Picasso las deforme.

A lo lejos los tambores rugen.
Huelen a África.
Los gorriones de piedra
fingen caer de otro cielo.

Las casas se esconden
una detrás de la otra.

Los árboles cantan.

Las chimeneas husmean el cacao que cubre las paredes de
                                                               la ciudad
hasta el fin del camino
hasta el fin en esta calle de nadie.

.

Cementerio

La ciudad del puente
solo tiene vida
en la cueva de la noche.

Sin olor a café,
las avenidas se entorpecen.
Se pellizcan en la nostalgia de un gato
que escarba y esconde sus heces.

Ya no huele a hombre.

En esta ciudad,
que no es de Whitman ni de Federico,
la tinta del libro se esfuma.

Se ha borrado el grafiti de los muros.
Son muchos los escombros
               de una vajilla que se entretiene.

En un rompecabezas,
la mar esconde el credo a los extranjeros.

El puente es el recuerdo de una tierra llamada ciudad.

¿DÓNDE TE QUEDASTE?

Madre,
¿dónde están tus brazos que acurrucaron a tantos?
¿dónde están tus senos que dieron de beber leche tibia?

Mamá,
¿dónde está la cuna en que mecías a los críos?
Pensé que también la ocupaban los niños desamparados.
¿y tu leche, madre?
Pensé que la repartías entre ellos.
Soñé que cuando mis hermanos no dormían en la cuna
                                        la prestabas.
Si la abuela estuviera viva los recogería a todos.

Mamá,
¿por qué existe tanta maldad, pobreza y miseria?

Madre,
en la tercera edad,
te han dejado conversar con las cortinas.

¿Por qué la hostia tiembla en manos del padre
        y en los cumpleaños de muerte lenta?

¿Por qué, mamá?

DE UN RETRATO

I

El arador de Comala instrumento de muerte
      que nace en un calvario
su sonrisa vertical su huella no hidrata el riachuelo
      huérfano de sus crías
la tierra despojada del lodazal se burla de la búsqueda
no huele a miel su futuro es un ancla que no sostiene los
por qué de la cosecha estrangulada.

II

El hijo del campesino forzado abandona la tierra
      por el pasillo de cuervos
el huerto se embaraza de hojalatas la fauna se achica
el pueblo amotinado las semillas desembarazadas
la tierra abandonada con las manos enterradas
      en la cabeza su arado camina
el rencor de un tal Pedro Páramo.

NATURALEZA

Una migaja de pan
        en la boca de un pez
                sin nombre.

MELANCOLÍA

Hoy llueve a cántaros
y en la lucerna de la melancolía
se empapan los tapices
con las letras de tu nombre.

VIENTRE

Un pensamiento se quiebra
              en la sed de otro
como imanes en la frente

la noche es un veneno

el hombre,
              que es todo vientre
se lo permite.

Click

Imagine
John Lennon

Click
   click...

Vagón de ida
(2018)

HOPE

Mi país es una frontera derramada a ella le muerden
        su foresta
(para hacer carbón)
en la bandera de mi país ya no se ve el escudo
cansado de ser usado para limpiar heces que defecan
        en las calles
mi país es una frontera rota que no debió
        crecer pudriéndose
los cascos azules duermen como los polis acostados
mi país hoy sombra del racismo y enjambré usado
        de cañaverales
en mi país no sobra lo que hoy nos hace falta memoria
las flores son espinas de crematorios las lechugas marchitas
(contaminadas) por el ejercito sin jardinería
atados al reportaje sombra en el nombre de la Hispañola
        levantan el telón de mi país
el escenario se quiebra los tambores suenan otros vientos
en otra burbuja clandestina la hojalata de güiro se oxida
        a la intemperie de la ignorancia
hay un pedazo de tierra
que flota sin rumbo como isla adolorida sin brazos
        pañales y campamentos
mienten que se van mienten que están de paso
ya se quedan se quedan sin haber llegado.

CARACOLES

Una piedra del río
no es un caracol que trae el mar

pensar en su frialdad
no altera su textura

mientras los caracoles reparten
la elegancia de los mundos.

SOLA

> Yo no fui destinado a la realidad y la vida quiso venir a verme.
> FERNANDO PESSOA

Solamente la guitarra de Hendrix y el vicio de leer detienen mis lágrimas
Llega el martes, otro martes y caigo al vacío mientras soy habitada por otra: la poeta de noche alumbrada desnuda ante su rima
ante la prosa de un verso
Ante la voz de su nombre aparezco yo.

EN VUELO

Un poema se escribe cuando choca la mirada
      con unas pupilas oscuras
sientes que te quieren devorar la señal indica abrocharse
      el cinturón
le miras la hebilla recorriendo su bragueta y te das cuenta
que el no necesita cinturón y preguntas ¿cómo se los subió?
sientes presión por el despegue
el cuerpo se pega a la silla él desaparece y aún no
      te aseguras el cinturón
identificas nombres de las montañas como contar del diez
al uno en una
sala de operación
la ciudad se hace invisible cierras los ojos y sueñas entre
      las nubes el despegue el empaque el desempaque
sientes que avecina un naufragio vas al baño en el estrecho
pasillo te rosas su cuerpo entre filas lo agarras al pasar
el vuelo se hace lento la cabina pierde presión
te sientes dentro de las nubes como un lubricante
que te arropa el pecho
las palpitaciones se aceleran llegas a la meta y te encierras
      a vaciar los desechos
quieres salir cuentas esta vez en orden desovas
      los pensamientos respiras te ahoga el oxígeno
      del avión sin WhatsApp.

DE UN RETRATO

I

El arador de Comala instrumento de muerte que nace
    en un calvario
su sonrisa vertical su huella no hidrata el riachuelo
    huérfano de sus crías
la tierra despojada del lodazal se burla de la búsqueda
no huele a miel su futuro es un ancla que no sostiene
    los por qué/ de la cosecha estrangulada.

II

El hijo del campesino forzado abandona la tierra
    por el pasillo de cuervos
el huerto se embaraza de hojalatas la fauna se achica
el pueblo amotinado las semillas desembarazadas
la tierra abandonada con las manos enterradas
    en la cabeza su arado camina
el rencor de un tal Pedro Páramo.

La bestia

> Que más quisiera yo que escribir para el pueblo
> Antonio Machado

Hay un maldito tren con un vagón
de ida hacia la muerte
donde suben los desafortunados
en busca de un mejor café

Hay un maldito tren
que cuando para roba sueños
que nunca existieron
sueños que ni siquiera durmieron
dejando la memoria virgen

En él suben las mulas de los narcos,
los sin olores, los descarrilados
con el dolor de fósil podrido
y abandono, como 'La hojarasca'

Hay un maldito tren descalzo
lleno de voces apagadas
cobrándose el último aliento
entre los escombros hurgando
ojos al insomnio moribundo

En el vagón de la muerte
se empacan a despertar realidades

espejeando tristes verdades
suicidio colectivo matanzas y delitos
sin un por qué
invasores de felicidad roba vidas
secuestros muertes que no desprenden
como una adicción devorante amordazada al mal

Hay un maldito tren que regresa
a cobrarse muertes a la vasca
llevándolas a la basura de Occidente

termina vidas que aún no nacen
ronda niños asustados
recién nacidos defecan sin mamar
cuando los bichos entre vagones
se los chupan

los colgados viajan entre filas
hablando del allá que nunca han visto
historias de corrupción
se hacen realidades

¿Qué diablos pasa aquí?

La bestia de metal
desplaza pueblos fantasmas
mansos se dejan golpear
mutando prisioneros de su propia piel
cuando se salpican a mares extranjeros
en huellas del terror

lugar de cruces, desaparecidos
donde el viento hace correr lento

La patrulla fronteriza detiene mujeres
madres niñas las viven las usan
se adueñan de su miedo

Maldito el hombre que tira creencias
en el vagón de la muerte
calcinándose en la estepa del sondeo

No hay piedad ni palabras
todo partió a la caca de potrero
sin ganado

Estas vidas no tienen acumulo
no pueden ni vivir
el momento del suicidio colectivo,

¿Cuantos caminos dejaron sin andar?

Centro America corre el camino
de los indocumentados
menos que muchos regresan
sin señal, en bolsas negras
otros se pierden entre escombros
peor que el murmullo del mercado

Ellos querían
hacer otra cosa con su vida
infiltrarse huyendo a un mejor café

El Paso del Norte
los escupe de regreso con alfileres en los pelos
tejiendo el dolor oculto

Vagón de sur a norte
con interés al centro debería quebrarse
deshaciendo tejadas en mi país

Porque aquí, a lo lejos, se arma el viento
y las epifanías caminan sin luz
en busca de sus Chamanes

Hay un tren maldito
maldito tren con un vagón de vidas pendiente
sin pistas a seguir
violando las flores de nuestra primavera

Ocurre qué a veces
¡Somos ese maldito tren!.

#@nicaragüita convocada
(2018)

A los que pusieron su cuerpo, a los niños huérfanos de Nicaragua, a las madres del 30 de mayo, a los estudiantes del movimiento 19 de abril que no pudieron quedarse callados y a ti que me lees, para que la historia nunca se repita.

Pandillero

Pandillero
asaltas a los tuyos,

los córdobas del sabotaje
que ofrecen los corruptos

no te alcanzarán para cruzar la frontera
y mucho menos para cubrir tu conciencia

pandillero
se te olvida el espejo,
derrites tu misma cara,
    mira que es la del primo de tu vecino,
    el maje con el que aprendiste a chupar

el reflejo dice
    bautizados en la misma catedral

pandillero
no reconoces al que vuelas en la esquina,
ni al hermano de la chavala que cortejabas en cuarto grado

pandillero
    quedás huérfano
        y no te das cuenta.

ECO DE LA VOZ

Me salgo del sueño, despierto en los senderos que fueron calles pobladas donde jugué de niño. Despierto en un túnel oscuro. Están matando a mi desarmado pueblo. Veo torturas y una luz. Sé que aún duermo. No puedo salir de la pesadilla.

Creo ser un guardabarranco que avisa cuando asoman los enmascarados. Veo balas pasar, las esquivo, me siento flotar. A los compañeros les grito 'que se vayan', no me escuchan. Cada muerto es una lágrima y un grito de fuerza. Ahora siento que las balas descosen mi piel.

La luz, cada vez más intensa, algo me hala. No quiero abandonarlos, necesitan ayuda. Tengo deseos de ir al baño. Siento frío, la sábana no alcanza. No puedo despertar. El humo no deja ver. Pasa un rayo de Gioconda: *La solidaridad es la ternura de los pueblos.*

Compañeros, compas. ¡Por ahí no! Mi voz se debilita. ¡Cuidado! No escuchan. ¿Dónde está mi madre? Me alejan. ¿Hacía a dónde voy?

Me llamaban, Alvarito.

CIEGOS LOS DOS

En Nicaragua no duermen, escucho que tiemblan, siento pisadas galopar más rápido que un caballo. El sudor humedece la tierra, se vuelca en un charco sangriento. El corazón acelerado, el alma se suelta libre, los espantos salen de la almohada como fantasmas.

Para no olvidar aprendí a nombrarlos:
    Julio Gaitán, Álvaro Conrado, Orlando Córdobas, Ángel Reyes, Jesner Rivas, Carlos Rivas, José Amador, Richard Pavón, Franklin Reyes, José Maltes.

Viro la cabeza y el ruido de los nombres continúa cayendo en mí. El pecho se acelera:

    Sandor Domas, Elías Josué, Abraham Castro, Cesar Vega López, Nitzin Hackins, Giovany López, Dary Elis Velázquez, Manuel Salvador López, Alberto Jiménez, Alberto Herrera, el niño Teyler y el bebé de cinco meses, Matías Velázquez y los que se quedaron enjaulados en los vientres la iglesia tiende la mano, los acusan, los secuestran y se atreven a matar uno, la sal tatuada en las mejillas no me deja continuar el camino de los muertos está cansado.

Paz a sus restos.

MADRE DE TODOS LOS DÍAS

te pisotean,
secuestran a tu hijo

te roban el derecho a la felicidad
      de ver a tus crías subir con orgullo,
        de replantar sus semillas y hacerte abuela

hoy tus paredes no recuerdan sus olores,
ni las carcajadas debajo de la mata
de banano del vecino

en tu día durante una pacifica marcha
lo arrebataron de ti

madre sin hora
llevas al sobrino de la mano
por una barquilla de mantecado y recuerdas

también llevabas a tu hijo
después de un recorte de pelo

tiras una lágrima
finges gripe

los sueños quebrados
en la oscura salida

las madres no pierden la fe
luchan, no se dejan vencer

llegan a la iglesia se arrodillan y prenden una vela
piden se ilumine el camino del hijo arrebatado
a destiempo

de cerca se despega
y sin perder la naturaleza se reconecta
como la cola en las paredes

el marido esconde las penas
detrás del guaro
y las pailas quebradas

la acompaña
los dos se lamentan apretados

      al final del túnel aparece otra realidad
      el cuerpo de Lorca tampoco se sabe donde está

REGRESA

¿porque tardas hija?

es hora de amamantar a tu chavalito
desde ayer está desesperado

cuidado en el cruce
hay franco tiradores

el recuerdo tatuado en las avenidas duele

a los niños los marca la muerte de sus padres

duele respirar dentro de esta manada de adeptos
con el temor de ir al hospital

¿por qué no llegas?

ÚLTIMA PARADA

I

desde las escombros que aún no aterrizan
se avecina el último refugio

compartí el trago de la soledad
cuando los latidos de partida
no sonaban con el Tululu

la morgue del pueblo
repleta de cuerpos
con sábanas blancas

II

un extraño en mí sofoca la palabra

desempolvo la memoria

de pronto todo es invisible
     el país en que hoy vivo
       es otra cosa
       está roto
preñado de necesidades sin salida

la última parada del Tica Bus dice:

aquí habitan cadáveres no identificados _

leo un epitafio en el bálsamo de la caverna
la marea
       sube,
             baja
yo solo siento sin la palabra

la grama se alimenta de mis huesos

el alma con la que me despido ya no es mía

MASAYA

Masaya mía,
aves de acero
te rocían desde lo alto
no es agua
tampoco es mana

Masaya
pueblo aguerrido
te auto secuestras para salvar a tu gente
como lo hizo Somoza con las armas
conseguidas por las prostitutas
en el puerto
donde pisaban los gringos

mientras testaferros
arropan los córdobas del pueblo
el bosque se desploma

ÉXODOS

secuelas y tranques desvanecen el paisaje

los *clicks* de las cámaras
no tienen la escena de los turistas
antes del 19 de abril

la pista del despegue ocupada
como perro que acecha a su presa

ni las hojas se mueven
están marchitas como la hojarasca
debajo de las llantas vacías del Tica Bus

hierve la nación en centros de tortura
con los córdobas del pueblo
compran antimotines

un padre en Coyotepe
no tiene quien le pase la hostia
el vino es la sangre de un monaguillo

¿A cuál fuente irán los pandilleros
a lavar las manchas de sus botas?

TRÍPTICO DEL PRÍNCIPE

De Darío a la onceava musa

Poeta querida:

¿Sabés cuanto sufre mi patria? No consigo barca de regreso para abrazarte. Tú que estás allá ayuda a cuidar mis manuscritos y lo que cargas en el vientre.
Mientras los peces copulan, espero que la luna alumbre el regreso.

Tuyo.

De la onceava musa a Rubén

Me está prohibido hablar con otro que no sea yo
NAZIM KITMEK

Rubén:

Si supieras que sufro con vos al enemigo que vivió y comió dentro de la misma rima. De esto no dejaste nada escrito. ¿Dónde están las notas de la reunión relámpago con José Martí donde predicaste la paz? He remado por todos tus armarios y lo único que encuentro son poemas de otros sin esperanza.
En el fondo de un baúl hallé uno mío escondido junto a un pañuelo que aún conserva tu perfume. Traé los resultados del Norte. Los cuerpos caen como mangos y no es temporada. Voy al Salvador. Allá me encontrarás con la cría.

No dilates.

Tuya siempre.

Ojos sin Rubén

los ojos como Karaoke

grafiteros miran el suelo manchado
y se detienen en la casa de Darío
donde regalaba versos a los enamorados

en León cerca de esa ventana
ametrallaron a un niño y a su madre

el padre pide justica
y a él también se lo vuelan

ojos de amor
en una ciudad que no pudo
en ese ayer
imaginarse

la dignidad se rompió de una sorda ráfaga

¿y si el padre de las letras estuviera vivo?
¿qué haría él desde su ventana con sus versos?

Destierro

continua el engaño

he vivido muchos aeropuertos sin ser notada por pilotos,
capitán de flotas, coyotes y gatopardo

en ruta he visto a los falsos profetas correr nauseabundos
entre Rusia, Asaad, Nicaragua y México

he visto por la correa del equipaje a un Tomahawk salir
y morder la tierra

vi las máscaras galopar en las calles por un túnel buscando
niños para salvarlos y después acorralar sus cuerpos

he visto consumirle tiempo al miedo de mataderos
intercontinentales

he pasado puertos mientras la guerra de los mundos altera
la historia como una cinta de auto destrucción

no estoy en tránsito por ningún aeropuerto para ser mor-
dida por bestias después de ser explotada por salvajes ex-
tranjeros

llega el tiempo de don nadie
no hay escalas

regreso por el mar, a ruinas de edificios, a un felino detrás de un perro

a los residuos del gueto

entre escombros rescato hojas de un libro
en la memoria, aún suena la rocola

en esta ruta sin salida me siento más engañada que en un santuario

sentada en una montaña de baldosas las lágrimas me desviven de los encapuchados

encontré unos córdobas para pan, o el tren los rieles desde Chinandega dejaron de existir

nos engañan,
nos engañan de nuevo,
no hay dónde anunciar a los desaparecidos

las estaciones de radios quemadas
celulares arrebatados,
el periódico censurado

he vivido mejores domingos

no hay filas para la ostia
ni bancos para el padre nuestro

ME HAN ROBADO

I

me robaron el mundo en que nací
me estafan esta hora y la de mis ayeres

de la almohada, me robaron los dientes
dejaron huellas de destrucción y celos de odio
en una humanidad rota como el cristal de la copa sagrada

me robaron la niña que parió mi madre
refugiada en la inocencia
usurparon los juguetes de la mente
cambiaron el timbre del heladero
por el sonido de coche bomba
donde (de pronto) un treinta de mayo
nos sueltan de la vida

no volveré a nacer
hasta que crezcan las flores
que arrancaron de mi último entierro
en los rieles de la esperanza

II

los estafadores no conocen el diván ni la poesía negra

si eres un bebé de Siria, un niño de Palestina o de Gaza
nunca fuiste niño
        tampoco lo fuiste hoy en Masaya ni en León
          si el centro de la madre tierra te dejó vivir;
si tu padre se atrevió a cruzar la frontera y sobrevivieron

hoy te arrancaron de su mano
para enjaularte
en lo que siguen apretando el acero
sin repartir suerte

        pero si eres un niño americano
aún cuando viejo, sigues siendo niño

ahora ven conmigo, escribe un par de versos
para sacar lo que queda
antes de que nos vuelen el paragua
en un día sin lluvia

PLAGIO

me plagio los sueños
mientras medito el vacío
a la espera de un cambio

me plagio para sentir que una vez
pude ser la dueña de una realidad alcanzable

en esta sociedad,
la industria engendra esclavos a las etiquetas

arrastran la pobreza a los pueblos,
violan el derecho
      de vivir
      de sonreír

me plagio en el kétchup
de los perros calientes
en las avellanas que le tiran a las ardillas,
en las pesuñas de las aves migratorias

porque no hay nada que buscar
entre crecientes corruptos

los parimos sin darnos cuenta
desde el centro de Nicaragua hasta el pozo de Kola
ellos con zapatos de charol
puntas de hierro y corbata prestada

       desgarran sueños
       y contaminan la esperanza

mi sueño lleno de cayos
es algo que no podrán exterminar

aunque afilen el machete
un sin número de veces
y extraigan la riqueza del banano
o se roben la madera

me plagio, me plagio

y me plagio
porque el pueblo debe ser una rosa
y no la espina que dejan
cuando adornan los espacios
entre salas y banquetes
como la cena de Platón
o el beso de Judas

NICARAGUA ESTÁS CANSADA

de balas erróneas, cuerpos que agonizan
saqueada de tragar el silencio de tus muertos

tu tierra teñida del dolor de una bandera
que a pesar de todo baila al compas del aire
y resguarda en el recuerdo su libertad

Nica estás cansada del miedo,
acumulas poca esperanza y mucha angustia

los chavalos desaparecidos y silenciados
injustamente entre las rejas del temor

cansada del olor a ruidos
de un pueblo que tres décadas atrás envejeció
este mismo calvario

y de un reloj que no avanza para salir del malestar ya vivido

Patria

      la de todos,
      la del padre de las letras
fue secuestrada

el aeropuerto paralizado
      los arpones cubanos
          llegan sin saber de la otra agenda

las balas fabricadas
por prisioneros que no saben leer
traen nombres equivocados

los camiones blindados llegaron volando
en la ausencia del sol

dicen que salieron de Venezuela

patria
      si vieras la mansión que tiene en España
      el que se hace llamar comandante,
      está decorada con baldosas italianas

      si vieras como su media naranja
      se cubre la piel

culpa al ocultismo

    bueno eso dicen
y yo,
el campesino que aró la tierra
cortando el banano por medio siglo
    solo tengo los córdobas
    de la última cosecha

REFUGIO

la patria se te escapa
    violan a tu mujer
    secuestran a tu hijo
    queman el vecino

los universitarios duermen
    con un ojo semiabierto
    sin quitarse las botas

a los chicos en la uni. les ofrecen
    agua envenenada
    y banano con alfileres
  vomitan sangre
  nadie los atiende

¿cómo desentierras a la vieja patria,
la de los ochentas cuando ceso la última guerra?

Escamas
(Haikus)
(2019)

*A los peces que nadan
sin importarles su edad
en el péndulo de las olas.*

32

Surge el sargazo
desde el ombligo del mar
que no tiene fin.

45

Los tiburones
salvajes corren triste
del espejismo.

66

En estas aguas
el bullicio del viento
nos hace eternos.

76

Mar peregrino
cuando asfixia la arena
deja su sombra.

Erza Pound y el Imagismo

I

Pájaros cantan
mañana habrán volado
millas sobre el mar.

II

Por el costado
la ola se traga al viento
muere su esencia.

III

Sola esta Erza
por un lado del rumor
viento en olas.

QUE LARGO ES EL MAR

a Pablo Neruda

I

Qué largo es el mar
en la arena: el olvido
corta sus olas.

II

Olean como mar
las redes de Neruda
arden los ojos.

4

Beben de asombro
el mar y sus caderas
disputan la ola.

23

El barco silva
toneladas en el mar
espuma rota.

13

Un pez en boca
anuncia a las aves
su muerte lenta.

20

El pez que busca
forastero se queda
en un anzuelo.

23

El barco silva
toneladas en el mar
espuma rota.

28

En el caracol
el escandalo de mar
se va a casa.

32

En cada tic-tac
la música de espuma
desnuda se va.

46

El barco llega
las olas son hibrido
de un silbido.

JULIA DE BURGOS
"YO MISMA FUI MI RUTA"

I

Mujer mulata
amante de las aguas
que bañan al río.

II

Julia perdida
en el río grande Loiza
siempre nos vive.

DE GINSBERG A BORGES

A Marisa Russo.

I

Beat generation
el mar tiene un callejón
mahometano.

II

Padre de la flor
el hipismo celebra
razón de vida.

III

La marea *Hipster*
baila Jazz, *Rock &Roll*
de frente al eco.

IV

El vino fluye
como río del tiempo
dijo un tal Borges.

70

Ahogada en ellas
naufragan pensamientos
de toda la sal.

Inéditos

B-DE BORRACHO
digo de botellón

Seca como el radiador
y como una amante
depredadora del bonche
mastico el hielo
para que no se diluya el sabor

aunque crea mala fama terminarse
el biberón digo el Brugal perdón Barcelo
es que los tres arrancan con B alta
yo estoy en largas de botellas
y harta de baberos

(antes le llamaban B de burro)

se rompe el líquido en la garganta
para que suba y copule en la cabeza

mañana te dirán pasaste una resaca cruda o un jumo
y si escuchaste un mariachi sin música 'estás dao'
pero si estás dao en La taberna Enrique o el bar de Juana
(la cantina Cultural) dirán que estás como una Cuba y más
prendió que un bombillo de a peso

así no te pierdes - porque a la hora
del camino - seguro que no hay luz

si aparece un gringo a beber

un par de frías digo Budwiser
Brahma dirá *Brother drunk*

parece que la brisa del río
te tumba le resbalas un chorro
del vaso plástico en su playera
justo donde dice (New York New York)
(visite Tijuana)

se miran de lado
como si se debieran algo
(a la chingada)

ya no estas solo en el olor
del *Brother drunk*
dices *sorry mita(d) happy*

tocan una bachata y no es de Juan Luis
ya es hora del vacilón
hora de desprenderse del Vaso plástico

borracho de ausencias y carencias
de no saber ahogar las penas cuando
te secuestra el bodegón

borracho de no ver el hijo de tu primo
y de la vecina aprender en la escuela
de saber que existe otra 'uv' de Vodka
la cual no sale de tu cartera
y menos del ombligo

ya casi amanece se terminó el Brugal
el Barcelo lo cerraron y vos vez bajito como la B del *brother*
y la leche de burro que debes llevar al bohío para llenar
      el biberón
la barriga de bacalao y la bandeja de banana para
      el banquete de mezcal

basta de vociferar miserias
no caminas *happy* ni sabroso
dejaste de propina el precio del cartón
digo del babero y la bicicleta de Santa Claus

es la hora de tomar prestado
en la bodega de 24 horas
y casi es hora del *hang over*
o resaca como quiera
      que le llames
      estás frito *brother*.

VASO-FOAM

La ciudad de lunes a viernes
no ve un vaso-*foam*
me atrapa a no ser yo
me secuestra como a Picasso
en su periodo azul

me viste de uniforme me entrega
el menudo para la botella
(que espera) ansiosa
detrás del mostrador

La ciudad de lunes a viernes
de ocho a cinco en toque de queda
emborracha sin poder la música
clásica del barrio en el corazón

tú y yo en letras de Lorca con el pincel de Dalí
(*'Exiliado solo quedan tres minutos*
y sin el cuento de Ali baba')

el vaso-*foam* bañado en hielo
pasa por los labios absorbe y se bebe
el contenido se diluye en la nostalgia
de cada uno de sus versos Nueva York
a lo gitano

la ciudad de lunes a viernes
me agota sin sentido cobrar y pagar
ese rejuego inventado
rompecabeza que hechiza
toca el sábado la puerta
abre donde todo explota
hecho domingo que no es Domingo

tú y yo secuestrados en una ciudad
que no nos pertenece más que dentro
de un vaso-*foam* bachata y Reggaeton

sentada reposo frente a un café
con un *sex on the beach*

los políticos nos acaban el barrio
en Venezuela, y Siria exterminan los quehaceres allá
      no valen las profesiones.
En Nica. despidieron a los médicos por atender los heridos.
Llegaron los extranjeros a cubrir a los despedidos

el hielo se derrite sin un vaso-*foam*

carajo se metió el lunes y no hay puente
el martes me pone mala

el miércoles ombligo
de la semana me descompone
ya casi es jueves
solo espero el doble de los viernes

donde escondo el reloj
la ciudad de lunes a viernes
sin vaso-*foam*
que barbaridad.

ESCRITORIO

I

En cada ciudad del norte
existe un *Downtown* desgastado
de vedar ciudadanías para un sueño

empuja papeles de izquierda a derecha
hasta perderse en el aire de basura

(tus) ojos de lupa dedos de yeso
y carbón mojado

renegadas sean tus cuatro patas
y las credenciales que engavetas

escritorio, tus manos de abandono
recorren los alrededores de una taza
de café *latte*
huella que dejas al terminar el día

mientras el primo a la espera de su esposa
e hijos mi mujer sufre sin su familia
y yo por ella

enjaulaste niños y parientes en código de área
sin recordar hacia donde los punteaste.

Escritorio arrebatas la esperanza
entre el polvo y la tinta seca
separas y aplastas familias sin compasión,

tus canturreos laceran almas
tus gavetas no tienen una pluma
que libere el nombre de Juana
de Pedrito Rosario, Esteban, Lucia
Carla, Brenda, Alberto José o María

(no estampas sellos para que brille tu madera) estas asegurado contra la burocracia de la polilla mientras nosotros los soñadores morimos en la demora.

II

El sueño americano queda en la desgracia
de los miles fallecidos sin ser sepultados

La migra nos descalabra
crea un llanto que en la noche
penetra como el coyote
que reclama al más allá
por los demás exiliados desaparecidos
sin epitafios en el desierto y en el río

mientras las ventanas panorámicas
te rodean los que no caen en la vía

y logran cruzar el Red Tape
tu democracia los detiene

escritorio tu reloj malgasta memes
mientras el dolor salta al pueblo

¿por qué no copias el modelo de Europa
sin fronteras?

escritorio tú solo alcanzas a garrapatear
y separar indocumentados,
pendiente los enjaulas como perros callejeros

nos juegas como peones de ajedrez
mientras el ICE y los federalis
nos desfiguran (a cuchilladas)

me citaste una vez
tomé prestado unos zapatos y sombrilla
no me dejaron pasar
argumentaron que le debo a un tal tío Sam,

denigrada sea la silla que te hace compañía,
espero la carcoma los devore a tiempo
y que esa lámpara asentada en tus maderos
ilumine los criterios.

VAMOS, FAMILIA

Escapar de la violencia
y comulgar en el olvido

Vámonos, familia, vámonos, patria
con todo y ropa lenca llevemos nuestros
sazones, pupusas, gallo pinto y acento,

¡Vámonos, patria!, a mudar la piel de los sinsabores,
caminemos a mutar esta raíz por todo el norte, bebamos allá
atole y de paso por los aztecas llevémosle el traje Charo su
Mole y frijoles majados

vámonos familia con todo y suelo alarguemos el país de los
ancestros
mordamos la rabia con el llanto de los desterrados comidos
por el cordón umbilical del óxido violencia y miseria
asomémonos al país por la ayuda y contrata de los compas
carguemos con los que no soportan la dures de los rieles

vamos a enmendar la patria lleguemos por el cruce del río
Suchiate y dejemos la muerte a la rapidez de un coro de
tortugas

carguemos en la memoria el cuadro del Quetzal y nuestros
perros para darles a los del norte el *ways* de los garífunas y
nuestra gente

no somos tribus salvajes, ni tampoco lobos
hambrientos

¡Vámonos, patria!, a mestizar el norte
y devolver los fantasmas que se creían ser

dejémosles flotar en el Aqueronte como ellos a nuestros
cuerpos en el Río Bravo
con los bejucos del olvido sin dirección.

VIOLACIÓN

A veces no hay palabras ni espacio en el bus
ni un saludo en esta luna que mengua
sin el lobo que le aullé

a veces el tiempo robado se devuelve
sin pensar que su cosecha paso
donde no existen pistas a seguir

a veces la mueca del dolor crece
se convierte en versiones de Munch
en espanto donde la palabra se desgaja
sin agua luz o sonido

a veces la muerte posa en los rostros
el llanto abarca el día y la sombra
mientras el presidente del Salvador
gobierna por Twitter.

VIACRUCIS

I

desde el apagón
las lagunas en ciclos dialogan el hambre
y el mal trato a los pregoneros

mujeres de horas buscan
la cuajada del hijo por circunstancias

la eufonía del quejido nocturno
corre de manos mientras la ruptura
de cloacas olientes a cigarro y orines
de ron fermentado suben el volumen.

II

paso hacía el calvario
por el paso del desierto
en catorce cruces

la condena del migrante
carga con lo que alcanza
caerse de la Bestia
George Soros el padre de la madre
empuja su agenda al hondureño

el albergue en Tijuana cae
violan y le gritan a la ropa

descalza de una piel que camina
hasta mutar su dignidad.

LA NIÑA CHARRO

I

Cómo rescatar el niño interior de la niña
si ya nada le pertenece.

II

Rota dentro del cautiverio y maldad
existe su pueblo que le llama indiferencia.

III

Desengancharse de la maldad
frente a un Dios que llamaron y nunca llego.

IV

El paso recoge vidas en el tiempo
mientras los sueños se han caído
de la hamaca,
la familia no puede pasear
por el horizonte.

V

Un sueño es una pasajera rota inundada
de malos nefastos.

VI

En el cruce la niña charro encuentra una cabeza de Barbie
con el pelo roto.

CICLOS

I

La madre ausente, el padre desaparecido,
el niño perdido deja la niñez.

II

La tía alberga el sobrino. Lo convierte en limpia zapatos. La calle oscura y la corriente maligna lo desplaza hacía otro entorno.

III

Los Salva-truchas tatúan sus manos. Lo atan con seguridad. Los percances son el precio de venderse a una extraña existencia.

IV

Asalta al primo, lo consagra al tatuaje
de la calle.

V

En el engranaje le amputan la mano
se dice: qué desgracia, sin identidad
aún vivo.

TRIGO

Una vaca muere sin dar su leche y carne.

Hermanos son atrapados por la misma red.

Un niño hambriento habita en la pobreza
de otro mundo

los que controlan el viento no lo dejan pasar.

La memoria de las piedras

Una piedra inunda huesos
transparente a los no conocidos
las llagas de angustia
profundizan su corriente

cuando la apatía duerme
en el desierto somos extranjeros

en esta Zona no quedan heridas
y palabras mal puestas

mientras en la luna piensan cultivar papas
infantes son expulsados con código de barra

no existe antídoto que pise la vigilia.

DES-POBLADO

El chico salvadoreño no quiere emigrar
huye de los mareros Salvatruchas
y pobreza

en la incertidumbre habita en el aposento sin puertas
y ventanas
donde las balas sueltas buscan cuerpos para cobijar
su frío acero

los niños hombres a destiempo
les agarra el aroma de miedo en charcos
salubres

el pueblo del niño abandonó sus criaturas
para correr y encontrar otra muerte

el idilio en la tierra de vencidos
ni los muertos regresan
copian de los peces expulsados de su hábitat

en el día de los muertos al exilio
los esqueletos le susurran
al soplo.

IRONÍA

En América del sur los creman
en las mismas calles donde transitaban con sus aliados.

¿Quién le sigue? pregunta la esquina.
El tráfico de la ciudad es la ceniza de los primos, los médicos
y uno más que otro político
sin vergüenza.

COLUMPIO

¿Cuál ingeniero cuadro el péndulo?

¿Si me voy mañana quien recordara la moda del todo terreno; mascarillas, guantes y batas?

Se acordara el malparido ejercito, de las neuronas que balbuceo a distancia Mr. T.;
el que divaga su incompetencia entre el pueblo
y la potencia burócrata.

La extinción de los dinosaurios no avecina
a los humanos del hoy.

La hiel de la burocracia es un paquete al desnudo como quiera que lo huelan por E-bay, o Amazon dicen en Twitter que es un año negro.

NAUFRAGIO AL DESNUDO

> Hay golpes en la vida tan fuertes... no se.
> CÉSAR VALLEJO

Somos exiliados de gotas saladas. Sin abrazos de *good-bye* entre mascaras y rostros desconocidos.

Amarrados entre la puerta y el pasillo (del baño y cocina). Una hora en la sala y diez en la habitación.

Extrañare a los amigos que no conoceré por está situación. Los de las fotos en la vendimia se van borrando en los camiones congelados hacia un crematorio.

Como parar de llorar la trinchera que me pierde en el tiempo.

A lo mejor estoy divagando en una de ellas y nadie se da cuenta.

OFRENDA AL MUNDO

Con su regalo el gigante coronó
la guerra biológica.
Desde el violento oeste estaba en las películas; el calendario lleno de aire aislamiento total desde los indígenas.

El mutismo no puede ser la cura
tampoco el remedio de los muertos.

La frase: "QuedateEnCasa" parece ser inútil. La realidad no les alcanza, ven los números ficticios mientras los ñañitos de la finca juegan al desconcierto entre los vegetales; ven el huerto mojado sin entender los cuerpos que llovieron anoche.

El olor a los mangos se ha forrado de detergente y espuma.

El granero hiede a cuerpos putrefactos.

Ahora la muerte no disputa entre los viejos. Arrasa con ellos y sale por su ruta.

LLAMADO

Cállate, virus, no ves que quiero salir
a bailar con los míos.

Corta tus alas y cae entre escombros
deja de transitar las vías
del entorno.

No te creas el Jet Set del momento
tampoco eres Chef para descuartizar pulmones sin entierros.

Cállate, que la inmunidad y economía te detestan.

arrojaremos jabón con espuma hasta que enmudezcas.

PLAGA

La colonia queda a solas. El virus no entiende de fronteras ni yo de cuarentena. Quiero el albedrío que secuestro.

El barco de comida se achica y el sobresalto de la economía es inevitable.

En los rostros se apostilla la factura del desasosiego donde la salud se vende cara para aquellos que por curiosidad o hambre se tiran del asfalto al desnudo. Esos se van de la vida como el papel sanitario de los estantes. No hay colchones para tanta gente entonces: [seamos] *felices* [sin] *los cuatro*.

Bunker de marzo y también de abril

I

Renací sola entre las paredes de marzo y las fronteras de una grasa brava. Mientras partículas invisibles ruedan, reinventé otra vida dentro de un movimiento de mascaras y muertes imaginistas.

Esquivarlo imaginé como un gánster que se movía sin ser encontrado por el detective Colombo.

II

Egoísta
para no perderme en estas paredes
reinventé otra cuarentena.
Cuando cesé el pan y leche tome el personaje de Rambo, con la cara armada y manos de plástico, imagine Alice en el país de las maravillas. Otra noche tomé un vuelo hacia Grecia, Esparta, vomito ideas hasta caer de la cama rota.

III

Regalo
después de ciento vente días en el Bunker se cuenta que la mayoría están vivos.

IV

Llega la luz y la tele en horario presenta Alicia en el País de las Maravillas mientras las ruedas
de las estrellas empujan a la reflexión. Sale el sol.

V

Las paredes del Bunker siguen ahí
en el mismo pensamiento…
Fe de errata.

VI

Emulación
la vida (cabe) y sobra en este cautiverio. Excesiva para el aislamiento. Demasiado para percibir. Pensar en el regreso. Las acera no sienten pisadas, las angustias terminan en el baúl del barco que naufrago.

VII

Al control de la tele se le apagaron las pilas. Sin respuesta parte el vecino con su madre, hermano y el remedio casero. Tumbo el cable.

En este tiempo tan irreal no llega el postre favorito con su azúcar apaga la ansiedad. En el Bunker arde su mal sabor. Entre los escombros tiemblan las llamas.

Con tapa boca aún existo.

Del otro lado las toneladas de manitas sobre las narices pasan al desnudo.

Descalza

Nací por la garganta
de una mariposa que no termina
de contar sus cicatrices

Tejo pesadillas descalza en la cama
        mientras reinventas otro Yo

cuando cada fantasma muere
y nos quema la piel.

OTRO DÍA

Otro día sin madrugada

otra noche sin tu café sabe a historia vieja

la noche cala
y cae llena de aullidos

en la noche pasa el tren y no llegas

El día que la semilla del olvido crezca
he de entregarme al gas como Plath
a ver los lirios flotar en cada gota
que corre por la lejana piel

No vayas por otro poema
el mejor esta tatuado en mí

en aquella noche
húmeda de cedros.

TU NOMBRE

> Cuando falta uno de los dos, los dos faltan.
> WALT WHITMAN

Habitas en la página en blanco
de un borrador

cuando beso a otro también te beso
porque la pasión lleva tu nombre

no sé si los insomnios se filtran
de tus noches hacía las mías
o si vuelan mis madrugadas
hacia las tuyas

cuando te desvelas no sé
a quién nombras en tu noche

Hoy llueve a cantaros
y en la ventana de la melancolía
se empapan las cortinas
con las letras de tu nombre.

GÉNESIS

Cuando la carne muera
morfo-séame el espíritu

trae la baba
y pega los huecos ya polvo

abre hacia otro universo
el subsuelo espera

despierta y caminemos como Yucahú
en los avatares y anillos
de las esferas

recuerda se aproxima
otro bumerang.

La sombra
es otra memoria llena de olvidos
que se arrastra sin luz.

LA COPA

La copa semivacía

el alcohol evaporado
los labios resecos
y vos firmando en el diario
de otras amantes

Cuando partas quedara la copa
ahogada reciclando éter

una copa sin tu vino
vacía se mantiene en la espera
de otro aliento

tu boca repleta de cloroformo
y yo en Mobi Dick

cuando te vayas regrésame al otro olvido.

LA OTRA DIMENSIÓN

I

Desde la otra dimensión de rotos espejos
galopa el rocío de la espuma

distorsionado
aparece otro eclipse

acaricia el mar y lo deja vivir en su reflejo
hasta fronteras extranjeras.

II

El recuerdo no se deja fugar
hacia las vallas del tiempo

albergado en un hangar y registro
llega según le place.

III

Enamora los versos sin nombres
para después nombrarlos
sin sogas ni tabúes

deseo sentir al desnudo y encaprichar
esta locura en cualquier dimensión.

ACARICIO TU SOMBRA

Acaricio tu sombra
mientras muerdo los cables del Wifi

En tu espalda tatué mi nombre
con las uñas del Edén

Aquí estoy,
aproxima la media noche
desvelada con sed
a la espera de tu llamada

y el celular apagado.

HACIA LA ALTA VOZ

Hacia la alta voz
voló
el colibrí las palomas
el ganso el pez mariposa
mientras la codorniz se acerca al nido
con el canto del grillo

en pica va el cuervo por los desperdicios
donde rompe la calma

Estela de humo y nostalgia
dejan las aves de metal
sobre el firmamento

Entre los resquicios de la piel
se cuela un no se qué
         me dejo ser

Más allá de la badana que habito
se disecan mentiras secas de verdades

Los deseos vuelan como las cometas
y de pronto la sombra de una paloma
posa en un baúl

debajo del mar cae desplumada.

EL ALTAR EN CUATRO CANTOS

Confesé en tu altar
engañada me dejé correr
hasta despertar en el nido
de un velero.

Te di el pulmón de mi pueblo
y sin saber que hacer lo quemaste
no aprendiste
a escribir mi nombre

nuestras charlas
hoy las susurra el viento.

Entre cráteres y un cuarto de casabe
soy muchas mujeres sin haber sido ninguna.

SÍLABAS DE ARENA

Silabas en arena
nadan en las estaciones

Los dioses se han mudado
a un mar profundo de retazos ya vividos

Las campanas (no) devuelven la misa
solo el concierto de chicharras
que nos engaña en el tiempo

El aire húmedo a veces trae flores
mientras los pensamientos flotan
como canoas hacia el Aqueronte.

LIBÉRANOS

Libéranos de la jaula y orden en decadencia
del mal agüero, peones del gobierno mundial.

Hoy llueven sílabas de barro en el horizonte nublado
de muchedumbre fallidas del vecino *'casa tomada'*.

Libéranos del espejo del país vecino quemado
mientras una madre busca la perdida de su hijo
en el recordatorio de la misa anual.

Libéranos del tiempo de las trece rosas caídas
y de otra casería - sobredosis mental como los Pokemonos
escondidos en los bichos virtuales.

Groudom y Reyguaza son pajas mentales
falacias que liberándonos desvanecerán
como el perfume de Mussolini los ojos de Franco
o el bigote de Hitler.

Libéranos de campañas que polarizan
hasta pensar en el mundo de *Orky* y el *Pet Society*
y los zombis del teclado de la guerra del opio
del híbrido de Taiwán del *drone* y misiles de América.

Libéranos de la sociedad que nos desnuda
entre los mares tartamudos y las treinta moneda de ácido.

María Palitachi

HILACHAS DEL TIEMPO

I

Hay una ciudad golpeado entre los escombros

políticos abren sucursales envían remesas
mientras las necesidades del pueblo no cuentan.

Hay un pueblo en una ciudad ese pueblo sois vos,
soy yo y los nietos que aún no llegan
del mañana por el salvajismo.

Sus aguas están derramadas de oráculos
y de costumbres ancestrales.

II

Cada calle marca la hora cero con hambruna.
Sin pupitres en los salones creyentes juegan el loto.
Aquel pueblo con vasijas rotas sin arboles de frutos contaminado por el mal sabor a corrupción de miserias injusticias y de la tristeza cargada en el ADN.
En la penumbra de las noches el tiempo vaga robando sueños desde un crematorio hueso con hueso nadan hacia otros escombros.

¿Hasta donde han de llegar los productos sociales?

III

¡Pueblo! pueblo mío, importan los planes.
Se están muriendo los burros, caen como
hojas secas y estrellas fugaces. En otro pueblo
hermano no existen los linajes están zambullidos
como una ameba incurable.

Los políticos continúan hipotecando lo que queda.
El pueblo sin su gente buceando en una laguna
mientras los malinches se adueñan de las tierras
y nuestros pensamientos.

Esta crónica dijo García Márquez ya fue anunciada.

DOLOR A PUÑO

No cabe un eructo más…
Mientras el vientre quiere primavera
los bombazos atajan inviernos
cuando la vida habita en otras partes

En descuido se cambia el silencio
y cadáver por mancha de un abrazo
donde muere sus muertes y cada ataúd
en que se acuesta a liberar dolores
y a quebrar el eco de la espuma

Aunque crea en pisar la iglesia y pedir tres deseos
(no dejarse convertir en la Matilde de Neruda)
cuando el dolor de mancha arrebatada por el mal agüero
nos arrope constantemente mientras taberneros
gritan puños
Y yo con la gota de sangre que cargó mi abuelo
sin saber donde él está
Entonces quedo en el aullido de la mujer golpeada
maltratada, ancianos abusados, niños violados
llorando hambre de amor sin nadie que los acune
cuando nace cada día el paraíso
ahogado de putrefacción en un canto de lluvia sin mar
cielo al que reír ni danzas que bailar
solo capsulas de la vieja ciudad
con torrenciales de nombres sepultados

En el bullicio del silencio
se desnudan creencias
y la señal de abuelo que al nacer
aún llora en mi cama.

ESTAMPILLA DEL MIEDO
24-11-14

Por si las moscas se prenden
y los mosquitos se apagan
hay que desteñir el planeta de sangre inocente
porque el disparate a destiempo mendiga
futuro incierto, sopa de letras y galletas de animales
bocinas, quema gomas, protestas que no amainan cuando
      la tormenta espesa

Zorros guardianes recorren túneles
en busca de fantasmas
mientras se atragantan un morir soñando
producidos por camaleones

En Ferguson sellaron tus pupilas fuera de base
en una guerra sin guerra de pulpos farsantes

entretanto en la Novia de Villa
anuncian el especial de Barbie morenas
y eso da miedo.

ÉBOLA Y SUS ENTRESIJOS
derrame celebrar de las masas

Bajando el telón del legado virulatus
existe una membresía gratis en las páginas del pánico cortesía
del exterminador Haarp

Los doctores sin fronteras suspendidos
en quejidos

Duende que acuñó la inocencia del África Occidental
cuando el sistema de salud comunitaria partió de vacaciones
con la melodía porcina de América gripe aviar
y dengue caribeño

Exiliados en el tráfico de las plagas: peste, malaria, sida y
lepra germina el injerto ébola con el levantamiento masivo
de cuerpos fallidos escena dantesca de fosas abiertas

La píldora de dieta muda en el marketing de guerra fría
y escuadrones de pastillas se asilaron en tráfico de deudas
a la China

La cuarentena fantasía engavetada envuelta como la cebra
que no olvida el olor del eructo draconiano

De este enjuague deshumanizado convertido en el fantasma
cotidiano donde sobran veinte mil por enterrar
Propagación para la ciudadanía criolla
a la celeridad de un cd rayado

'Nación Ébola' despertó ayer en Estados Unidos
viaja en escala por Haití

¿Cuántos partirán a destiempo?
en el abrazo de la tensa espera
la falta de acciones y tratamientos por unidad con
        el pronóstico
de sálvese quien no pueda de esta y aquella realidad
aplastante como Papillon y 'Flores para Algeron'
(siempre se vuelve…)

¿Y si el Ché como médico regresara?
a luchar paralelo al imperialismo
estuviéramos entre Archienemigos
despoblados hacia un nuevo virus.

SEMILLITAS SIN TIERRA

a la poeta Ana Martínez

Semillitas desamparadas
la fragancia vuela hecha pobreza

En este caminar de Avatares
nadando en estrechez
donde cada luna alumbra menos
y los recuerdos de gatos despiertos
son el ego de Dios

Semillitas desamparadas
llevan la cruz invisible de Nazaret
a su destino, una gran nada.

SIERRA LEÓN
donde casi nada se agenda

Caserío adentro sin ruta
no hay ritos mágicos del tambor
ni quien palee nichos en patios
de cuerpos moribundos y pérdidas incontables

Le han mordido la historia
a cuatro mil indefensos huérfanos
que cruzan la vereda sin rumbo
evadiendo fantasmas
mientras los padres infectados se acercan
más al arpa que a los tambores

espíritus se transportan en mosquitos
a cruzar fronteras desgarrando
sin leyes el medio ambiente

¿Quién contará historias de abuelos?
si las voces han sido silenciadas
por el cálculo macabro cibernético

Ya ni pobre es la costa de marfil
ceso de existir en el réquiem de Mozart

Cuando esto sea pasado
quedará el eco ínfimo al Holocausto.

SÍNDROME DE LOS SÍNDROMES

En la teoría del destino
¿Cómo se escribe la historia mientras
se tragan los cables del barrio?
elogia a un pueblo sin vegetación
donde la tierra bebe sangre
debiendo claras
(los huevos están a centavos)

A través de los minotauros en la infusión del diván
holísticos híbridos llenos de miradas se entierran
en el hastío sin superación

Escenas urbanas de trucámelo
enganchadas de laboratorio
introducen conferencias de bolsillos

libertad inventada donde no todos son invitados
a la fiesta de encarnación y del discurso en la grieta cerebral

Desploman el muro de Berlín en los noventas
sube Balaguer como el sol del caribe
coplas del viento
se desmenuzan los castros como luna menguante

ochenta muertes caídas escribió De Burgos
aquí no hay versos alejandrinos
solo mentiras sociales e hipocresías

que anclan en párpados sin darnos cuenta
con plantaciones de arte moderno y demonios capitalistas

Peter Pan te siguen articulando
y mutando en las orillas de la demencia
sin paraíso verbal difusión de un mundo suspendido
desde lo invisible.

El eslabón perdido creador de virus mata con el hacha
del capitalismo afilada

llevamos los muertos en las pupilas
oídos calcinados bolsillos sin brazos
mientras el mundo con zippers en boca
sangra luto de torturas.

¿Dónde pondrán la masacre ebola cuando la tierra
vomite a destiempo?
a quien le devolvemos si los sellos no existen dentro
del tejido de la araña

Mandatarios lean a Mafalda
los muertos de mutación corrosiva no mienten
'El teclado de guerra' avecina.

Unos caen al poder
otros a la libertad de estar atrapados

la miseria no callará porque el sol cierre con nubes

A la caída del otoño
los moros dejaron el ancla con salitre
olvidando el repuesto *Duracell*.

¿CÓMO SE DUERME?

I

Ayer se acabó el mundo
nadie se dio cuenta
dimos cachetadas al pavimento
con el plan de antesalas

a la velocidad del burro
la píldora de Jerusalén perdida esta entre los siete mares
mientras el fondo monetario se mueve
en contra de la flecha
a favor de "La casa de los espíritus"

Todas las noches soñamos
con el mismo usurpador del fogón.

un parto deshumanizado
de verdades sin azúcar
donde la tierra se sigue tiñendo de rojo
y la tecnología se resbala
de manos aborígenes

Sobre el incendio no cabe otro fósforo
se hinchan los dementes con la historia rota y los fondos
buitres no rehacen otro mundo.

II

Ya ni la esperanza es compartida
somos nietos del olvido tejidos por rasguñas

¿Dónde quedó el predicador de los peces
abogando realidades ficticias?
Se paso del horno y microonda.

Se revela Lutero con los doscientos días de indulgencias
simbolismo y dependencia conformista

Con los corruptos de redes
la esclavitud cambió de nombre
ahogan el crecimiento prendiendo fuego
entre tormentas de lamentos

escupen abortos de naturaleza
por décadas ocultan muertos
y en segundos re-twitean la inocencia

El corte de panza desune jornaleros

¿Qué hacemos mientras tanto?

vemos humo el asado no llega

los bidones de leche están
pero vacíos

Mientras los fogonazos subasten el pueblo
no terminará mi Jihad…

EN EL SUBTE

Estás
cansado de vivir en el ayer
cansado de escuchar
los desesperos de mayo

una etiqueta en tu *T-Shirt*
no suman al olvido de los desaparecidos
en la caravana de machetes hacia las colinas

alguien barre los cuerpos
que están muriendo
los llevan a una fosa común

solo queda pedirle
a la capilla de los remedios
que nos ampare.

LA SOMBRA

Desde la otra calle
huele a un cigarro que dura hasta las cenizas
luego va la colilla aplastada en el pavimento.

Caminar las calles
mientras desanda en avenidas la sombra.
Entra en las casas interrumpe
husmea recorre historia pasa desapercibida
y no se siente lo que toca

se que estoy regada por la ciudad
y a la vez sentada en la ventana de un barco
por donde se esfumaron tantos.

Sombra desquiciada.

COÑÓLOGO DEL HAMBRE
(Hace hambre de tantas cosas...)

I

Ante la desgracia fermentada de los pobres
los limones carecen de ácido y los peces siguen con sed
mientras en bancos del parque continúa el hambre
      tragando polvo.

Hambre sin libertad apasionada de caprichos
se acomoda entre fantasías, ancla que no levanta
a curar su mal.

Gazuza carpanta miedo creciente y virulento
donde los prejuicios se alimentan de la raza menos rubia.

Por la necesidad pasean crisis refrigeradores ardientes
estufas frías pobreza que no deja estrenar un cigarro
ni coger prestado el placer de un orgasmo solo colillas
desechadas por el capitalismo.

Con el reciclaje de heces y hoyos de cerebro
el esquema de asistencia social carece de direcciones manos
sin obras, las fundas no arriban al síndrome de nidos.

Malabares de pobreza quieren borrar el pendejismo
el aroma de letrina y tierra sucia
(con los bolsillos del pueblo)

juegan Candy Crush Saga.

Mientras los políticos come solos nos ahogan
con negligencias

perdidos en un bossa-nova negando el son de la brújula

¿Por dónde se llega a casa? a un café descafeinado
    con la borra del ex-vecino.

II

A veces la lengua busca entre las caries de buitres residuos
mientras las tripas con su música interna maúllan
a los rehenes de gastritis

¡Que plaga! Dios tuyo el hambre vagabunda reina
deambulando hoyos en bolsillos creando discípulos
bachateros

La banca internacional tormenta inaudita esa paja
come terrenos del sueño gringo que despierta dormida.

El hambre ni madre tiene miren a Garabato Sackie
      lanzando pobreza
      lo arrastra un palo no una muleta

Esta vaina se Judío no da ni para los zancudos
la gallina no tiene huevos que encubar ron sin son,
soda descolada

tengo que gritar hambre y como quiera muero en ella.

Desgracia maldita no hay cabida la ONU no reconoce
nuestro aliento

cierran pulperías, nada que brindar el ventorrillo de verduras
que no llegan
solo inundaciones de miserias

aniquilan la isla y pocos dan cuenta

Coñólogo
¿Y yo?
pues,
Yo pueblo mío con hambre silvestre
ajena al caviar y ceviche atada a la América
      que nos desconoce
viviendo en el des-paraíso tropical de putrefacción
vomitado por España donde nos empujan sin mecernos.

III

El poblado en oscuridad borra la memoria
vive de la esperanza del loto
juegan la bolita con lo ajeno
compran en oferta con los ojos
comen de lo prestado en colmados pintorescos
meriendan los viernes en el súper
mientras las pulgas con todos sus derechos
se mudan entumecidas de los perros

Bálsamo del eructó trascendental
huérfano del ingenio enfurecido
endulzas con el mar calcinado
a la velocidad que va
se esfuman las banderas

Hambre paredón que mancilla como un fantasma
los cajones abiertos sin gaceteros que acoger
la tierra en cementerios cancelada
por un sudor que deja hambre
sangró sangre y no sale
Big Corporations
yo también quiero Taco de campana.

IV

Cuando muerde la penuria
los testículos de la tierra encogen
sin perdón

Y hablando de corrientes
la que no engaña el hambre cuando se vomita
en la cuchara los discursos teñidos de mentiras

En la alegoría de Platón el aire suspende el olor
leyes y leyes no quitan la sed
faltan dos semanas por cerrar los mercados
y no ponen atención
nos dejan con comida de mimes
el credo de iglesia y copas deshidratadas

¿Dónde partió la humildad?
recorrido sin techo
del mal mundial vestido de ignorancia
mientras el gobierno en caravana
se gradúa de cleptómanos y otros posgrados
se enganchan como la mierda del potrero
bajo un aguacero.

BUSCADME

Buscadme todos los gusanos
mes quitos de esta sucia sociedad
que permiten los tambores del hambre
donde los que nacen mueren en dolencia

Buscame en esa isla morbosa no descubierta
detrás de cada político miope infectado de avaricia
donde muero por injusticias bruto-logas

Ahí me encuentras
buscando víboras gubernamentales
llenas de leche del pueblo
acicalando mentiras al poder
mientras ordeñan los derechos humanos

beben Macallan y consumen en bares fascistas
costillitas en estuches de cera
planeando historias
para seguir llenando cementerios
de bocas silentes

Acompáñame a quitarle la parálisis
de lengua al pueblo
y aniquilar los bienes empresariales
que también son miopes
porque cura no tienen.

NO PROVOCA RISA
Diciembre, 2014

I

El afán desmedido de control al mundo
cuando el río no era sonrisa

No provoca risa el riesgo de detonaciones
ni tragedias silenciadas por siglos
mientras nos marcan bombazos e impotencia

En la democracia inorgánica no me matan de risa
los lavados de vidas a destiempo
ni los niños que nunca han tocado un juguete
mientras la tierra gangrena

Presidentes tambaleante la seguridad de gobiernos
parecen películas de generación Crack
Madres esperan abrazos no consumidos mientras
los cucos marcando tragedias
recrean virus apocalípticos de crueldad
en el disco duro

II

Cuarenta y seis se prestaron un camión
uno descuartizado vivo
dos escapados uno identificado
¿Y los cuarenta y dos? ¿Y los 42?
los desaparecidos
sobrepasan el dolor que nos hila a revueltas
donde la muerte acaba la vida
mientras la injusticia de Iguala
descansa en la media naranja de la alcaldía

Acostumbrados pero no nos acostumbramos
abrazos lapidados cicatrices de fosas clandestinas
ni a los escombros barridos bajo piedras
por los Guerreros de la yuca blanca

Gota a gota se derrama la esperanza
de sentir corazones latiendo
arrodillada a plantar un árbol
levanto una piedra y aparece un cadáver
levanto otra aparecen los sesenta y ocho
cien mil inundando el mapa de sangre
tantos que ya no temernos la sombra de los
(Zetas de guardia, cartel del Capo y el PRI)

Los cuarenta y tres somos todos.

Sueño maquiavélico
12.17.14 (50 años de embargo)

I

Petróleo ungüento milagroso
el norte y la Cuba se creen Benjamín Button
mientras en la pequeña Habana grupos de patio
vomitan aire de armario añejo

Gatos nuevos brincan techos
en busca de presa expulsada de la memoria
ojos en llamas
Castro divorciado del 'sugar daddy' ruso-venezolano

La historia husmea embajadores a lo caribeño
mientras la producción habanera rompe vientos
por el trasero de leyes mordazas

Los marrajos a noventa millas se confiesan en algas marinas
el levantamiento del embargo sin desmemoria que alcanzar
nietos de los barbudos no mojarán Varadero
los balseros Babalú y los mameyes hacen fila
a salvar la nueva patria
donde el premio de los primeros auxilios es el camino

¿Regresará la pequeña Habana a gringarisar el pasado?
¿Y en Miami?
comerán los recién llegados la bandeja bilingüe

II

Los cohíbas desnacionalizados
encienden corporaciones del Éxodo
malestar incontrolable
el socialismo quiebra
el museo de carros antiguos
y la generación de ventana
mientras la melodía de machetes
cesa de tocar

Manos marchan hacia la nueva tajada
cortan espacios en papeles
la tinta escasa
todos sueltan el olor
dejando el aroma de tierra virgen
y el sabor de azufre en camino

Atado aun imán desconocido
rueda en otro sueño
esfumando realidades
Orbe lozana
zapatos de Versace-Collins avenue
South beach y Bayside
bañadas en nuevas avecilla
llegan a germinar el malestar incontrolable
dejando monstruos de yerba
para volver a encontrarse
tomando lo que fue identidad.

DANZA MACABRA

Latinoamerica en el nido de gorriones
donde el ambiente del Vaticano vacía a los creyentes

En Nueva York azules despiertan en clima de odio
rondan contra espaldas al alcalde

Con el canal interoceánico
los Nicas se preparan para el Tai Chi
mientras se arrepienten como Fariseos
cuando el rostro de la guerra aun duele

Creencia de episodios no reales
convertidos en dinosaurios
de dolores acumulados
mientras Rusia…

Pues Rusia quedó atrapada.

ANIQUILAMIENTO DEL OJO IZQUIERDO

> Para qué tanta vida
>
> ALEJANDRA PISARNIK

Mientras escapan las manecillas
el ADN en intensivo
no sobreviven las agujas del temblor
asiladas en la niebla del Sensei
sin cesar gime sangre la tierra
Pedazos de fósiles vomitan las pupilas
esfumando la yerba que pisan
en huellas del tiempo

Lagrimas heladas no eligen cementerios
reciclan juventud aniquilada
como el delfín de la diplomacia (gringa)
donde la existencia de muchos
es un simple tránsito hacia lo eterno.

GRITO

¿Qué hacen los premios de la paz?
mientras los disparos y las muertes
injustas generan guerras y genocidios
¿Tendrán las copas en mano llenas de sangre?

Se lapidan recuerdos en orfanatos
oliendo cuerpos putrefactos
mientras huelen a paredes
teñidas de sangre
(seguimos en lo mismo)

Grito por
las madres ciegas por el Boko Haram
por los hijos de la sociedad del divorcio
las niñas mujeres a destiempo
por el triángulo de la muerte
por los que pasean el hambre no hay otra cosa
y los normalistas de Iguala
los que se ahorcan con sus trenzas
sin más poder

Cierro los ojos y veo la noche de octubre del 68
frente a la plaza de las tres cultura
me veo gritar en la manifestación de vendas en boca

escucho el batallón de guantes blancos

a lluvia de metralletas
por ellos va mi grito

Grito
y me ahoga el mal.

Vuelo del Fénix

Soñar al despertar
¿Quién le debe a quién?
memoria quebrantada
silbando entre paredes
sucesos que rondan la cabeza
someterse al dolor del olvido
sin la bendición ecuménica
donde no se recogen perros en las calles
solo muertos no identificados

Casi todos corren a un mejor bienestar
los libaneses de los turcos
por América México llueve a tajadas
Haití muere de necesidades
ilegales con pesadilla de ser deportados cada mañana
asoman otros Pearl Harbor estilo cibernético
el juicio perdido y órdenes ejecutivas
quedan en oscuridad

Soñar que el adinerado limpie al pobre
que el abuso no deprima la niñez
que el maltratado de esto
aquello y lo otro no sea impune
Soñar y soñar sin esperanza
con emociones muertas
vivir en la senda rota
¿Cuántas veces viviré la misma muerte?

DE PARRA A PARRA

El Carménère tintó tu pluma
sin la estatua de guerra que avecina ventanas
y toca puertas
Nicanor si desandas en ataúdes caminas muerto
buscándole nombre a tu Dios
aunque el día es corto las calles entregan más que palabras
Tu Olimpo trampa de tela araña
como la víbora despreciable que no te dejó en paz vivir
mientras la anti poesía mantuvo el árbol derecho
sin ser 'Ratón de biblioteca'
los viajes alteraron tu memoria fotográfica
Si no te hubieran lactado fueras enano de vientre

En cual día sin ser primavera resucitaron alas a tus pies
en un parque cualquiera de Nueva York
Tu eco antipoético se verá morir por cien mil años
con los gusanos ocupados en la pulpa
y tú levantando la copa por un mañana
que aún no existe.

BLASFEMIAS

Llenando el vacío
en aguas del desierto
las pupilas disminuyen la ruta
dejando la isla flotar
en el exilio de mi ser

Roqueros esfuman la yerba pisada
vomitan blasfemias en calle grande
sin dibujar el resto del camino
donde la luz del recuerdo
desciende en el mar que habito
y mi techo miope a los cebolleros
mientras las estancias matutinas
invaden el google-rismo
y la Cábala del Aleph
por coñac y sonrisas ajenas

La sirena de desgracia no es improvisada
como un poema callejero o el eterno descanso
donde cuerpos lloran en oculto lo olvidado
los cinco dictadores del mundo.

CATÁLOGO DE NOMBRES

Catálogo de nombres gravitan las calles del mensajero

¿Qué haces mujer de Pablo?

¿En que estas mujer de Judas
y de Efraín?

Prende la vela, ponte las pilas
suelta el Facebook amante
y suegra de Pedrito

Deja de chuparte el Twitter Tomasa
y Josefa
apaga el *Instagram* Ivelisse
suelta la vecina Victoria
desconecta el Skipe

Saba esta tageando la columna

Petronila, tumba el *photoshop*
ya es medio jueves
y te bebiste el instagram
como un *Clam Shower de* Campbell
sin dar cuenta te van a cobrar la cuenta

Compas necesito ayuda

    sáquenme del mensajero a estos jinetes
    (de cuerpos virtuales)
    que no me pertenecen.

UN DOMINGO

Un Domingo trae un deseo
un deseo en el suelo

y en el piso de tu boca

El horizonte
hacía el lago de los cisnes
donde se raya el día
estéril a mis ojos
asume
una ola que no termina

En el vientre del cerebro
el murmullo del mar
en la piel erizada
preñada de fantasmas enjaulados.

DESGARRO

Hacen dos calles que deje de verte
tus latidos de viaje como Odiseo
apretado en tu alud
(de un mundo roto)

tus pasos van esfumando palabras

a pesar de que
cada sonrisa lleva un recuerdo
y cada lágrima lleva tu nombre

¿Hasta dónde? va la historia
antes de convertirse en leyenda barrial

hasta que comience el dolor
y queden dos pies izquierdos

Va ella
sin ella pero con él
donde se vive
        cubierta de su olvido.

LAS CALLES DE MI PAÍS

Una copla en cualquier avenida
cruzo el puente y uno con el miembro afuera
intenta mojar el Ozama.

En el semáforo de la Lincoln
con una criatura en el vientre y un niño descalzo
una madre angustiada pide en la esquina
donde venden el periódico. Ella no sabe leer
se anuncia una tormenta, su casa no tiene ventanas
ni puertas que la resguarde.
Ella no tiene identidad con qué ni donde ir a parir
su próxima carga.

Aquí-aquí mismo
en esta capital Primada de América
se funde hasta lo que no se debe.

Si te descuidas en una esquina el limpia vidrios
te embarra la esponja mojada de orines en el cristal
demanda el menudo que tienes
para el plátano de hoy.

Cuando avecinas las calles Núñez con 27 llueve
el extracto de letrina francesa
supera la modernidad del vecindario.

En la Independencia están inyectando la avenida
de polis acostados y nadie se da cuenta
es una vía como muchas pero aquí en mi país
no parece tengamos calles de una vía.

Ellos clavados como la tortura de una cruz pero no
la del crucifijo que lleva mi madre en la cartera.

Me confundo, el Amet me somete
le digo: *Me tourist from Barbados.*
No Spanish only me black.

La marchanta de las lechugas sabe karate
ella los distrae con su trasero pronunciado
cambio la luz del semáforo.

El coquero con su machete amenaza
pero el solo se trepa a cortar cocos a media noche
mientras los motores en tráfico
le hacen piruetas a las jipe tonás.

El que vende esquimalitos y agua
los frisa por falta de *money* para el hielo
que se granjea cuando encuentra su muerte
en el calor de la esquina Ovando.

La calle queda acida cuando llueve
allí la edición limitada de los limpiabotas
le roban bola a los camioneros.

La joven de ojos mulatos pide en la vía contraria
tiene hambre y no puede venderse
cuando se asoma a la iglesia por una hostia
el candado con cadena cruzadas
no le permite el banco para rezar y calmar sus culpas.

Se devuelve al mismo pillo del malecón
inunda el mar con las desgracias
que le roba sus lágrimas cada mañana.

En ese descuido el país se invade
de otra guerra con machetes
y ya no hay caña
mientras en medio del populismo global
se para el excéntrico Amet con guantes gorra y botas.

A los 90° el de los pantalones apretados gira 360°
este es adicto a la polución
lo vi
se la bebe por la nariz
el no sabe si lo parieron hombre o flor.

En la próxima calle se encuentra el esotérico
montado en un motor verde.
Él le corre a los congós de Villa Mella
decadentes se derriten en los chicharrones.

Por el ave. Kennedy encacatan conos naranja
a la hora pico sin sentido.

Cada día sufre más la San Martín con Gómez
donde después de la media noche
ellas, los aquellos ellos piden cacao
sin el firmamento de la dulce con Patiño.

Sobrevivo el calor del tráfico
paro en los helados Bon y no hay luz
paso por la Payan y se acabo el pan.

En el cruce se lee cerveza presidente a 150 pesos
transitar las avenidas de la ciudad
primada de América es volverse a abanicar
en el mismo pulmón sin tiempo.
Esta ruta no acaba ahí...

En el Facebook dicen que perdio Trump.

Entonces pregunto:
si voy de vuelta o vengo de ida.

ACERCA DE LA AUTORA

María Farazdel (Palitachi). República Dominicana. Poeta, conferencista, reportera y editora. (AWA) cuatro veces galardonada en el Latino Book Award, 2017, 2018 y 2019. (PD) Long Island University (CWP), (MA) Fordham University, (BA) Hunter College, City University of New York. En Bolivia recibió la condecoración de 'Embajadora universal de la cultura' avalada por la UNESCO, 2014. Embajadora cultural internacional de la Academia Norteamericana de la Literatura Moderna International del capitulo de N Y 2019. En Miami 'Embajadora honorífica' por S.I.P.E.A. 2017 y Embajadora de milibrohispano. En el 2019 nombrada Embajadora Internacional en Managua, Nicaragua. Reconocimiento por difundir la literatura latinoamericana, Proclamada por la alcaldía de Nueva Jersey, 2017. Traducida al inglés, francés, italiano, serbio, árabe, portugués y turco. Miembro del PEN Club of America, de la Academia Norteamericana de Literatura Moderna y de la Academy of American Poets. Coordinadora de los académicos latinos en Estados Unidos para el Eworld Poetry Festival. Comité organizador de la otra FIL de Guadalajara. Libros: *My Little Paradise, Entre voces y espacios, De cuerpos y ciudades, Las horas de aquel paisaje, Desde la otra mitad de Roma, Once puntos de luz, Infraganti, Bitácora del insomnio, Vagón de ida, #@nicaragüita convocada, Escamas* y la pentalogía: *Voces de América Latina* (I-III) 2016. *Voces del vino* 2017 y *Voces del café* 2018. Figura en más de 50 antologías.

EPÍLOGO

He repetido muchas veces que las antologías no son una suma de poemas procedentes de libros diversos, sino un corpus poético con autonomía propia. Un poeta no escribe sino un solo libro, en el que alternan los distintos tonos de su voz, donde se puede ir siguiendo la ruta de su modo de observar la realidad e interactuar con ella, y de verse a sí mismo, aceptando o rechazando lo que reproduce el espejo, sabiendo, como nos recuerda María, que todos somos, además, el espejo de otro. En este Libro María Palitachi, confirma lo que acabo de expresar. En él la poeta nos invita a un viaje a través de los ojos y la sensibilidad de una mujer a la que le duele el mundo y se pregunta porque vivimos en el guión, porqué estamos divididos entre realidades diversas, porque el pasado se va diluyendo y a veces solo reside en el sabor de una fruta, de una cerveza, de una lágrima, de la leche materna, o una melodía a la cual terminamos confundiéndole los versos. A Ella le duele Harlem, palestina, Nicaragua, y las calles de su ciudad, pero también el barrio de los abuelos, la casa que tal vez no habitó pero por la que se mueve su sombra. Se busca dentro, busca en los demás y descubre que "hay veces que me hago falta" Aquí está la mujer, las mujeres, habla de ellas desde ella misma. Las viste y las desviste para decirnos que hay algo más, mucho más, detrás de la piel o del asombro erótico. Cuando habla del mundo que late un una ciudad como New York, nos recuerda que "hay lágrimas que huelen a utopía" y que al pasado no se regresa y el porvenir sigue siendo un puerto a merced del viento y las olas.

En este libro hay un viaje en el tiempo donde se confunden los espacios, donde todo es ajeno e íntimo y nada existe sino está marcado por nuestra respiración, percibido por nuestros sentidos. La poeta nos revela todo este entramado de visiones y nos invita a reflexionar con ella sobre lo más universal y lo más íntimo a través de una construcción poética donde lo que importa es la voz y, por esta razón, encontramos un discurso cercano a lo coloquial, una versificación sin ataduras, suelta, sin rehusar determinadas construcciones que pueden parecer propias de la reflexión filosófica o política pero que terminan ancladas a la poesía. Dialogamos con versos de largo aliento o con estrofas de apretada síntesis, como los haiku, y nos sorprende descubrir, como la almendra, la sustancia, esa sombra de la memoria que es la poesía, se resume en los largos textos como el que cierra el libro y se expande hasta el infinito en la combinación de tres versos del haiku. Este es un libro que no dejará indiferente, al lector más exigente y que pondrá a reflexionar a los menos avisados, aquellos para quienes la poesía pueda parecer extraña, o inútil.

WALDO LEYVA

ÍNDICE

ESPUMA ROTA
(Antología Personal)

Entre voces y espacios
(2012)

Entre voces y espacios (fragmentos) · 13

De cuerpos y ciudades
(2014)

Huellas · 29
A veces · 30
Al otro lado del espejo · 31
Engaño innecesario · 32
Puerta del cielo · 33
Noche de septiembre · 34
Ventanas de silencio · 35
Callar es complicidad · 36
Testigos · 39
Némesis en Harlem · 40
Nueva York · 44
Bodeguero · 46
Colmadero II · 49
Monólogo · 51
Facebukeando · 52

Las horas de aquel paisaje
(2016)

El escape · 59
Un viejo sendero · 60
Ayer pasé por ti · 61
Naturaleza · 63
Après Whitman · 64
Adentro somos · 65
Dentro de ti · 66
El postre · 67
Para cubrir sus cicatrices · 70
Mujer D · 71
Sus sueños, nuestros sueños · 72
Alejandra Pizarnik · 75

Infraganti
(2016)

Infraganti (fragmentos) · 83

Bitácora del insomnio
(2018)

Núcleo · 91
Tuerca sin papá · 92
La bici y yo · 94
De frente · 96
Broken · 97

En otro continente · 98
Cementerio · 99
¿Dónde te quedaste? · 100
De un retrato · 101
Naturaleza · 102
Melancolía · 103
Vientre · 104
Click · 105

**Vagón de ida
(2018)**

Hope · 111
Caracoles · 112
Sola · 113
En vuelo · 114
De un retrato · 115
La bestia · 116

**#@nicaragüita convocada
(2018)**

Pandillero · 125
Eco de la voz · 126
Ciegos los dos · 127
Madre de todos los días · 128
Regresa · 130
Última parada · 131
Masaya · 133

Éxodos · 134
Tríptico del príncipe · 135
Destierro · 138
Me han robado · 140
Plagio · 142
Nicaragua está cansada · 144
Patria · 145
Refugio · 147

Escamas
(2019)

Escamas (fragmentos) · 153
Ezra Pound y el Imaginismo · 157
Qué largo es el mar... · 158
Julia de Burgos · 167
De Ginsberg a Borges · 168
70 · 169

Inéditos

B-de borracho · 175
Vaso-Foam · 178
Escritorio · 181
Vamos, familia · 184
Violación · 186
Viacrucis · 187
La Niña Charro · 189
Ciclos · 191
Trigo · 193

La memoria de las piedras · 194
Des-poblado · 195
Ironía · 196
Columpio · 197
Naufragio al desnudo · 198
Ofrenda al mundo · 199
Llamado · 200
Plaga · 201
Bunker de marzo y también de abril · 202
Descalza · 205
Otro día · 206
Tu nombre · 207
Génesis · 208
La copa · 209
La otra dimensión · 210
Acaricio tu sombra · 212
Hacia la alta voz · 213
El altar en cuatro cantos · 214
Sílabas de arena · 215
Libéranos · 216
Hilachas del tiempo · 217
Dolor a puño · 219
Estampilla del tiempo · 221
Ébola y sus entresillos · 222
Semillitas sin tierra · 224
Sierra León · 225
Síndrome de los sídromes · 226
¿Cómo se duerme? · 229
En el subte · 232
La sombra · 233

Coñólogo del hambre · 234
Buscadme · 240
No provoca risa · 241
Sueño maquiavélico · 243
Danza macabra · 245
Aniquilamiento del ojo izquierdo · 246
Grito · 247
Vuelo del Fénix · 249
De Parra para Parra · 250
Blasfemias · 251
Catálogo de nombres · 252
Un domingo · 254
Desgarro · 255
Las calles de mi país · 256

Acerca de la autora · 263
Epílogo · 265

Colección
VIVO FUEGO
Poesía esencial
(Homenaje a Concha Urquiza)

1
Ecuatorial / Equatorial
Vicente Huidobro

**Colección
CUARTEL
Premios de poesía**
(Homenaje a Clemencia Tariffa)

1
El hueso de los días
Camilo Restrepo Monsalve
-
V Premio Nacional de Poesía
Tomás Vargas Osorio

Colección
PIEDRA DE LA LOCURA
Antologías personales
(Homenaje a Alejandra Pizarnik)

1
Colección Particular
Juan Carlos Olivas

2
Kafka en la aldea de la hipnosis
Javier Alvarado

3
Memoria incendiada
Homero Carvalho Oliva

4
Ritual de la memoria
Waldo Leyva

5
Poemas del reencuentro
Julieta Dobles

6
El fuego azul de los inviernos
Xavier Oquendo Troncoso

7
Hipótesis del sueño
Miguel Falquez-Certain

8
Una brisa, una vez
Ricardo Yáñez

9
Sumario de los ciegos
Francisco Trejo

10
A cada bosque sus hojas al viento
Hugo Mujica

11
Espuma rota
María Palitchi (Farazdel)

12
Poemas selectos / Selected Poems
Óscar Hahn

13
Los caballos del miedo / The Horses of Fear
Enrique Solinas

Colección
CRUZANDO EL AGUA
Poesía traducida al español
(Homenaje a Sylvia Plath)

1
*The Moon in the Cusp of My Hand /
La luna en la cúspide de mi mano*
Lola Koundakjian

2
And for example / Y por ejemplo
Ann Lauterbach

3
Sensory Overload / Sobrecarga sensorial
Sasha Reiter

Colección
PARED CONTIGUA
Poesía española
(Homenaje a María Victoria Atencia)

1
La orilla libre
Pedro Larrea

2
No eres nadie hasta que te disparan /
You Are Nobody until You Get Shot
Rafael Soler

3
Cantos : & : Ucronías / Songs : & : Uchronies
Miguel Ángel Muñoz Sanjuán

Colección
MUSEO SALVAJE
Poesía latinoamericana
(Homenaje a Olga Orozco)

1
La imperfección del deseo
Adrián Cadavid

2
La sal de la locura / Le Sel de la folie
Fredy Yezzed

3
El idioma de los parques /
The Language of the Parks
Marisa Russo

4
Los días de Ellwood
Manuel Adrián López

5
Los dictados del mar
William Velásquez Vásquez

6
Paisaje nihilista
Susan Campos-Fonseca

7
La doncella sin manos /
The Maiden Without Hands
Magdalena Camargo Lemieszek

8
Disidencia
Katherine Medina Rondón

9
Danza de cuatro brazos
Silvia Siller

10
Carta de las mujeres de este país /
Letter from the Women of this Country
Fredy Yezzed

11
El año de la necesidad
Juan Carlos Olivas

12
El país de las palabras rotas /
The Land of Broken Words
Juan Esteban Londoño

13
Versos vagabundos
Milton Fernández

14
Cerrar una ciudad
Santiago Grijalva

15
El rumor de las cosas
Linda Morales Caballero

16
La canción que me salva /
The Song that Saves Me
Sergio Geese

17
El nombre del alba
Juan Suárez

18
Tarde en Manhattan
Karla Coreas

19
Un cuerpo negro / A Black Body
Lubi Prates

20
Sin lengua y otras imposibilidades dramáticas
Ely Rosa Zamora

21
El diario inédito del filósofo vienés Ludwig Wittgenstein /
Le Journal Inédit Du Philosophe Viennois Ludwig Wittgenstein
Fredy Yezzed

22
El rastro de la grulla /
The Crane's Trail
Monthia Sancho

23
Un árbol cruza la ciudad /
A Tree Crossing The City
Miguel Ángel Zapata

24
Las semillas del Muntú
Ashanti Dinah

25
Paracaidistas de Checoslovaquia: Libro I
Eduardo Bechara Navratilova

26
Este permanecer en la tierra
Angélica Hoyos Guzmán

27
Tocadiscos
William Velásquez

28
De como las aves pronuncian su dalia frente al cardo /
How the Birds Pronounce Their Dahlia Facing the Thistle
Francisco Trejo

29
El escondite de los plagios / The Hideaway of Plagiarism
Luis Alberto Ambroggio

30
Quiero morir en la belleza de un lirio /
I Want to Die of the Beauty of a Lily
Francisco de Asís Fernández

31
La muerte tiene los días contados
Mario Meléndez

32
Sueño del insomnio / Dream of Insomnia
Isaac Goldemberg

Colección
SOBREVIVO
Poesía social
(Homenaje a Claribel Alegría)

1
#@nicaragüita
María Palitachi

2
Cartas desde América
Ángel García

3
La edad oscura / As Seem by Night
Violeta Orozco

Colección
LABIOS EN LLAMAS
Poesía emergente
(Homenaje a Lydia Dávila)

1
Fiesta equivocada
Lucía Carvalho

2
Entropías
Byron Ramírez Agüero

3
Reposo entre agujas
Daniel Araya Tortós

4
Como brote de helecho
Carolina Campos

Colección
TRÁNSITO DE FUEGO
Poesía centroamericana y mexicana
(Homenaje a Eunice Odio)

1
41 meses en pausa
Rebeca Bolaños Cubillo

2
La infancia es una película de culto
Dennis Ávila

3
Luces
Marianela Tortós Albán

4
La voz que duerme entre las piedras
Luis Esteban Rodríguez Romero

5
Solo
César Angulo Navarro

6
Échele miel
Cristopher Montero Corrales

7
La quinta esquina del cuadrilátero
Paola Valverde

8
El diablo vuelve a casa
Marco Aguilar

9
El diablo vuelve a casa
Randall Roque

10
Intimidades / Intimacies
Odeth Osorio Orduña

11
Sinfonía del ayer
Carlos Enrique Rivera Chacón

12
Tiro de gracia / Coup de Grace
Ulises Córdova

13
Al olvido llama el puerto
Arnoldo Quirós Salazar

Colección
MEMORIA DE LA FIEBRE
Poesía feminista
(Homenaje a Carilda Oliver Labra)

1
Bitácora de mujeres extrañas
Esther M. García

2
Un jacaranda en medio del patio
Zel Cabrera

3
Erótica maldita
María Bonilla

Colección
MUNDO DEL REVÉS
Poesía infantil
(Homenaje a María Elena Walsh)

1
Amor completo como un esqueleto
Minor Arias Uva

2
Del libro de cuentos inventados por mamá
La joven ombú
Marisa Russo

Colección
VEINTE SURCOS
Antologías colectivas
(Homenaje a Julia de Burgos)

1
Antología 2020 / Anthology 2020
Ocho poetas hispanounidenses / Eight Hispanic American Poets
Luis Alberto Ambroggio

Para los que piensan como Saúl Ibargoyen que la boca es "solamente un par de duros y oprimidos labios que piensan", este libro se terminó de imprimir en el mes de enero de 2021 en los Estados Unidos de América.

www.ingramcontent.com/pod-product-compliance
Lightning Source LLC
Chambersburg PA
CBHW020049170426
43199CB00009B/219